청소년 코딩_프로젝트

엔트리로 만드는 프로젝트게임
고양이와 술래잡기

발 행 일	2023년 09월 15일 (1판 1쇄)
개 정 일	2024년 04월 01일 (1판 2쇄)
I S B N	979-11-982722-2-5(13000)
정 가	14,000원
집 필	조익현
감 수	서울대학교 컴퓨터공학부 이상구 교수
진 행	유시온
본문디자인	디자인앨리스
발 행 처	코딩이지(Codingeasy)
	'코딩이지'는 '아카데미소프트'의 코딩전문 출판사입니다.
발 행 인	유성천
주 소	경기도 파주시 정문로 588번길 24
홈 페 이 지	www.aso.co.kr / www.asotup.co.kr

※ 이 책은 저작권법에 따라 보호를 받는 저작물이므로 무단 전재와 무단 복제를 금지하며,
이 책 내용의 전부 또는 일부를 이용하려면 반드시 코딩이지의 서면동의를 받아야 합니다.

 # Orientation (기초학습)

▶ This is Coding 학교편 시리즈의 **[엔트리로 만드는 프로젝트 게임]** 구성입니다.

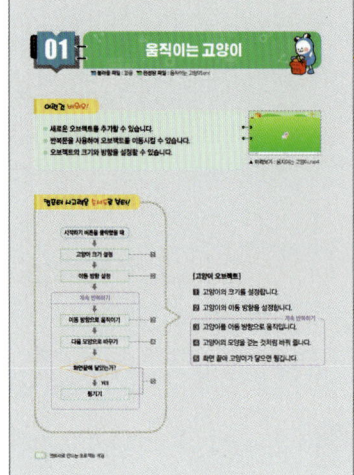

순서도(알고리즘) 및 완성작품 미리보기

각 CHAPTER에서 배울 내용을 미리보기 영상과 순서도를 통해 살펴보고 배운 내용을 다시 순서도로 살펴보면서 순서도가 무엇인지, 순서도가 어떻게 적용되는지 이해할 수 있도록 합니다.

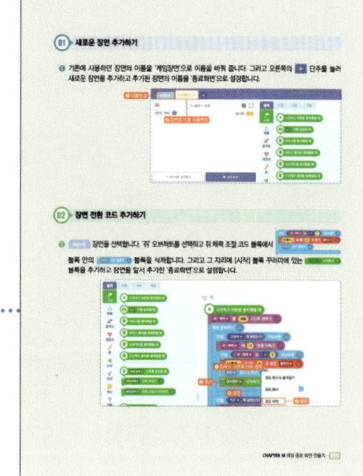

본문 따라하기

각 CHAPTER에서 배울 내용에 대한 기능 설명을 따라하며 배울 수 있습니다.

문제해결능력 & 스스로 해결하기

각 CHAPTER가 끝나면 앞서 배운 내용에서 코드를 어떤식으로 바꿀 수 있는지를 알아보고 블록 코드의 사용방법에 대해 알아볼 수 있습니다.

엔트리 설치하기

① 아카데미소프트 홈페이지 (aso.co.kr)에서 [커뮤니티]-[자료실]-'디코_엔트리로 만드는 프로젝트 게임_학습 자료'를 다운로드 합니다.

② 또는, 인터넷을 실행하여 주소 입력 칸에 'playentry.org'를 입력한 후 **Enter** 키를 누릅니다. 엔트리 홈페이지가 열리면 엔트리() 로고 쪽으로 마우스 커서를 이동시킨 후 메뉴가 나오면 [다운로드]를 클릭합니다.

③ 엔트리 다운로드 페이지가 나오면 현재 사용하는 컴퓨터 운영체제 버전에 맞는 엔트리를 클릭합니다.
  ※ 스크롤바를 아래쪽으로 내리면 버전별로 엔트리 프로그램을 다운 받을 수 있도록 구성되어 있어요.

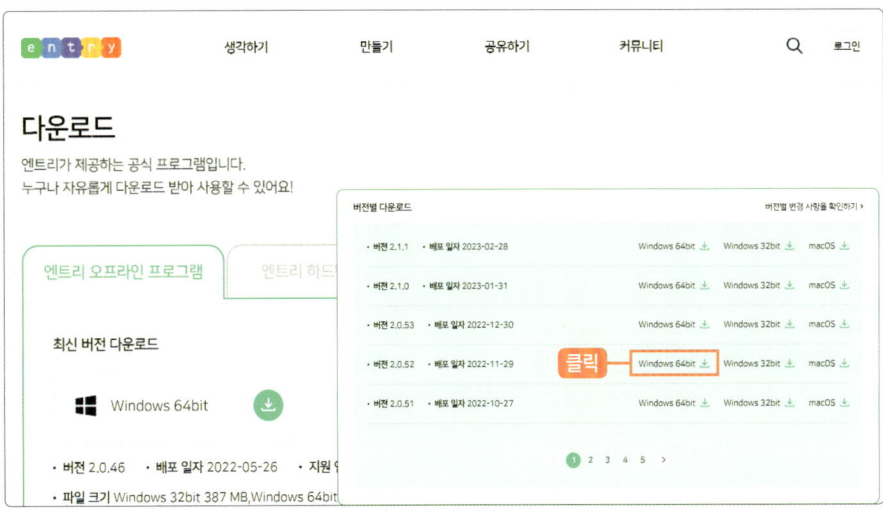

④ 설치 순서(버전 2.0.52) : 다운 받은 설치 파일 'Entry_2.0.52_Setup' 파일을 더블 클릭 → [구성 요소 선택]-<다음> → [설치 위치 선택]-<설치> → [설치중] → [설치 완료]-<다음> → [엔트리 설치 완료]-<마침> → 엔트리 실행 → 창 닫기
  ※ 엔트리 설치 후 처음 실행하였을 때 '기본형'을 선택한 후 <확인> 단추를 클릭하세요.

목차 CONTENTS

- **CHAPTER 01** 움직이는 고양이 · 006
- **CHAPTER 02** 마우스로 캐릭터 조작하기 · 012
- **CHAPTER 03** 키보드로 캐릭터 조작하기 · 018
- **CHAPTER 04** 고양이가 쥐를 잡았다 · 024
- **CHAPTER 05** 쥐의 체력 감소 · 030
- **CHAPTER 06** 많아지는 고양이 · 036
- **CHAPTER 07** 빨라지는 고양이 · 042
- **CHAPTER 08** 아이템 만들기 - 1 · 048
- **CHAPTER 09** 아이템 만들기 - 2 · 054
- **CHAPTER 10** 아이템 만들기 - 3 · 060
- **CHAPTER 11** 아이템 만들기 - 4 · 066
- **CHAPTER 12** 코드를 정리하자 · 072
- **CHAPTER 13** 쥐도 고양이를 공격할 수 있어 · 080
- **CHAPTER 14** 쥐도 고양이를 공격할 수 있어-2 · 086
- **CHAPTER 15** 고양이의 체력 · 092
- **CHAPTER 16** 게임 종료 화면 만들기 · 098
- **CHAPTER 17** 게임 시작 화면 만들기 · 106
- **CHAPTER 18** 로그인 사용자 관리하기 · 112
- **CHAPTER 19** 고양이 잡고 돈도 벌고 · 118
- **CHAPTER 20** 고양이 잡고 돈도 벌고 - 2 · 124
- **CHAPTER 21** 상점화면 만들기 · 130
- **CHAPTER 22** 아이템 구매하기 · 136
- **CHAPTER 23** 점점 튼튼해지는 고양이 · 142
- **CHAPTER 24** 랭킹 페이지 만들기 · 148

MEMO

CHAPTER 01 움직이는 고양이

■ 불러올 파일 : 없음 ■ 완성된 파일 : 움직이는 고양이.ent

이런 걸 배워요!

- 새로운 오브젝트를 추가할 수 있습니다.
- 반복문을 사용하여 오브젝트를 이동시킬 수 있습니다.
- 오브젝트의 크기와 방향을 설정할 수 있습니다.

▲ 미리보기 : 움지이는 고양이.mp4

컴퓨터 사고력은 순서도로 부터!

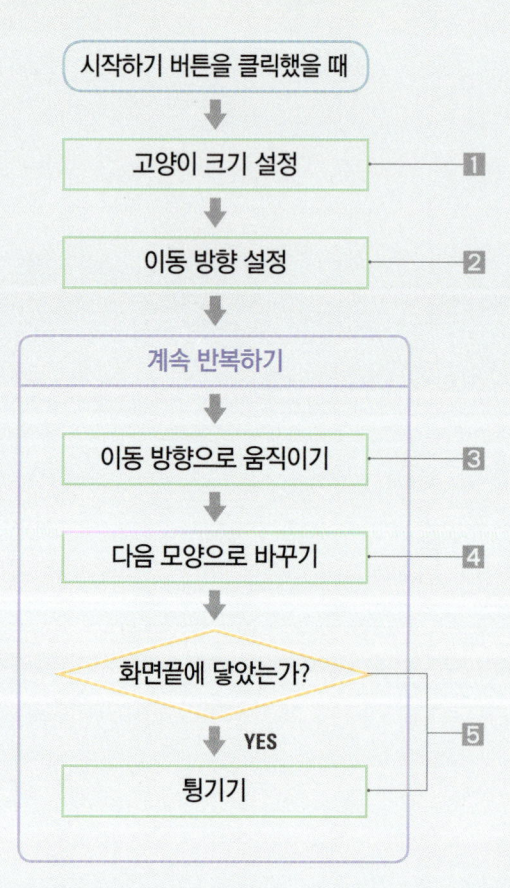

[고양이 오브젝트]

1. 고양이의 크기를 설정합니다.
2. 고양이의 이동 방향을 설정합니다.

― 계속 반복하기 ―

3. 고양이를 이동 방향으로 움직입니다.
4. 고양이의 모양을 걷는 것처럼 바꿔 줍니다.
5. 화면 끝에 고양이가 닿으면 튕깁니다.

01 오브젝트 추가하기

❶ [오브젝트 목록]에서 '엔트리봇'을 삭제하고 +오브젝트 추가하기 단추를 클릭합니다.

❷ [동물] 탭에서 고양이를 선택하고 추가하기 단추를 클릭합니다.

❸ +오브젝트 추가하기 단추를 눌러 [배경] 탭에서 마음에 드는 배경을 추가합니다.

> **TIP**
> 교재에서는 들판(4) 배경을 사용했습니다.

CHAPTER 01 움직이는 고양이

02 ▶ 추가한 오브젝트에 코딩하기

❶ '고양이' 오브젝트를 선택하고 [시작] 블록 꾸러미에서 ▶ 시작하기 버튼을 클릭했을 때 를 [블록 조립소]에 추가합니다.

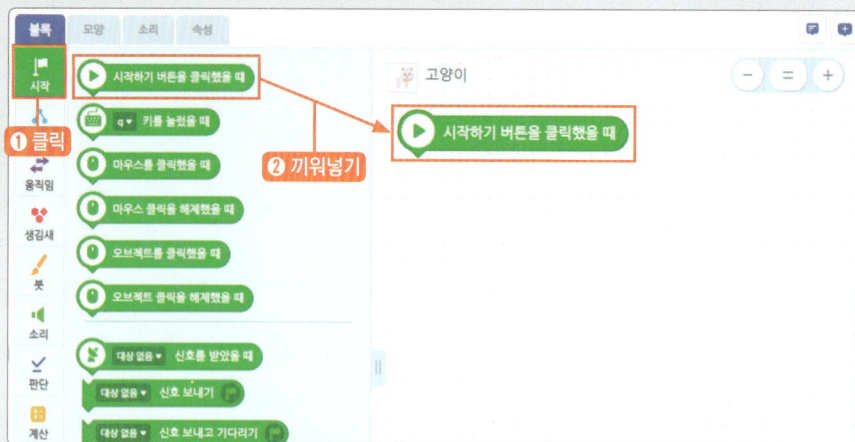

❷ [흐름] 블록 꾸러미에서 계속 반복하기 를 드래그하여 아래쪽에 연결합니다.

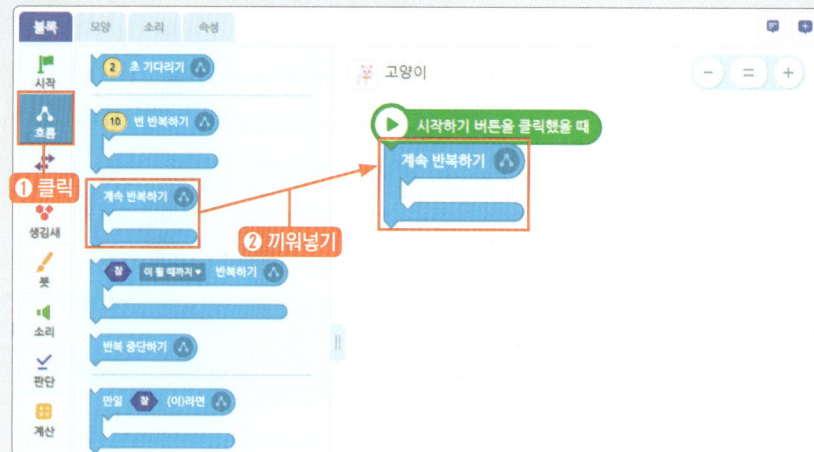

❸ [움직임] 블록 꾸러미에서 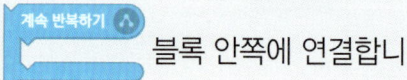 블록을 꺼내어 계속 반복하기 블록 안쪽에 연결합니다.

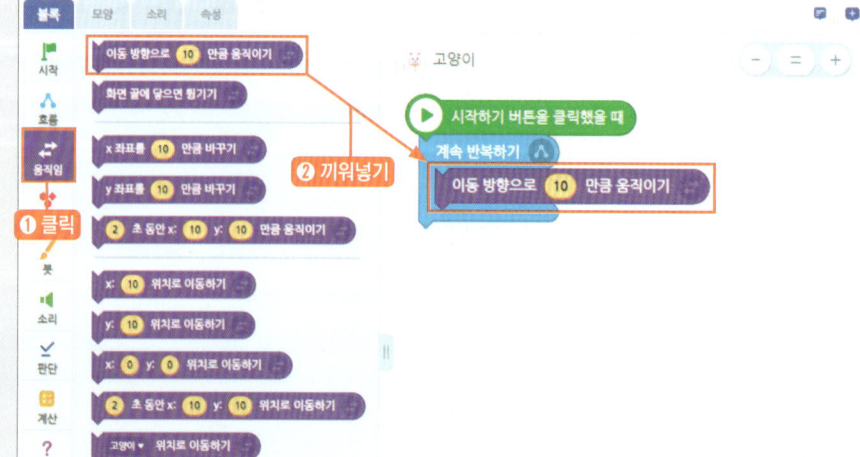

TIP 시작하기 버튼을 클릭했을 때 이동 방향으로 10만큼씩 계속 반복하여 움직입니다.

❹ [움직임] 블록 꾸러미에서 `화면 끝에 닿으면 튕기기` 블록을 꺼내어 `계속 반복하기` 블록 안쪽에 연결합니다.

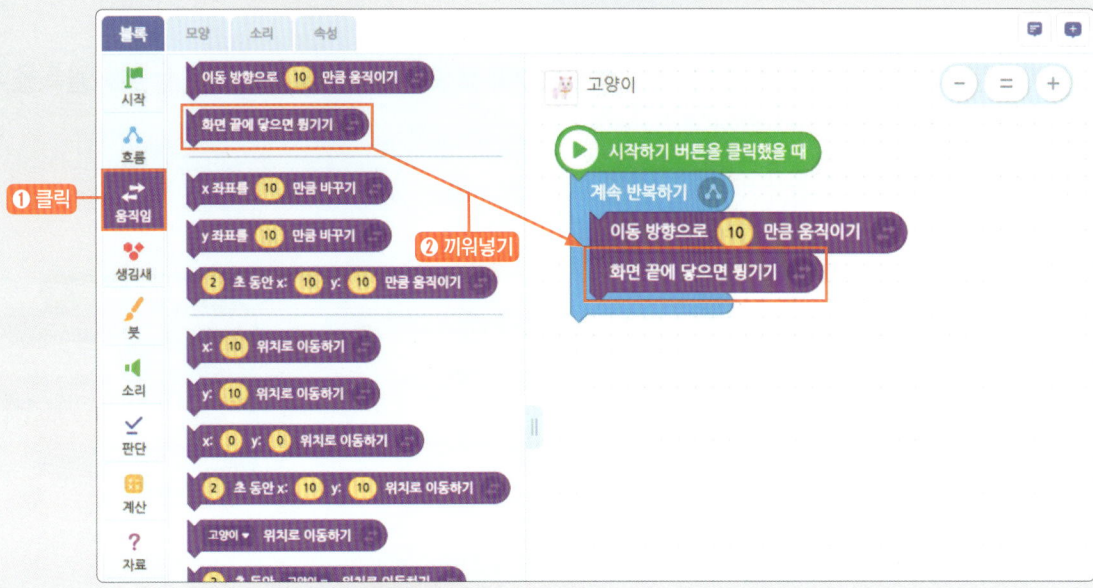

❺ 벽에 닿고 튕긴 고양이가 뒤집히지 않도록 회전방식을 '좌우회전(↔)'으로 바꿔 줍니다.

❻ 고양이가 화면 곳곳을 돌아다닐 수 있도록 `이동 방향을 90°(으)로 정하기` 블록을 `계속 반복하기` 블록 위에 추가하고 고양이가 움직일 각도를 '60°'로 설정해 줍니다.

CHAPTER 01 움직이는 고양이

03 고양이 오브젝트의 모양 바꾸기

❶ 고양이가 달리는 동작을 할 수 있도록 [생김새] 블록 꾸러미에서 `다음▼ 모양으로 바꾸기` 블록을 추가해 주고 조건 값을 그림과 같이 설정합니다.

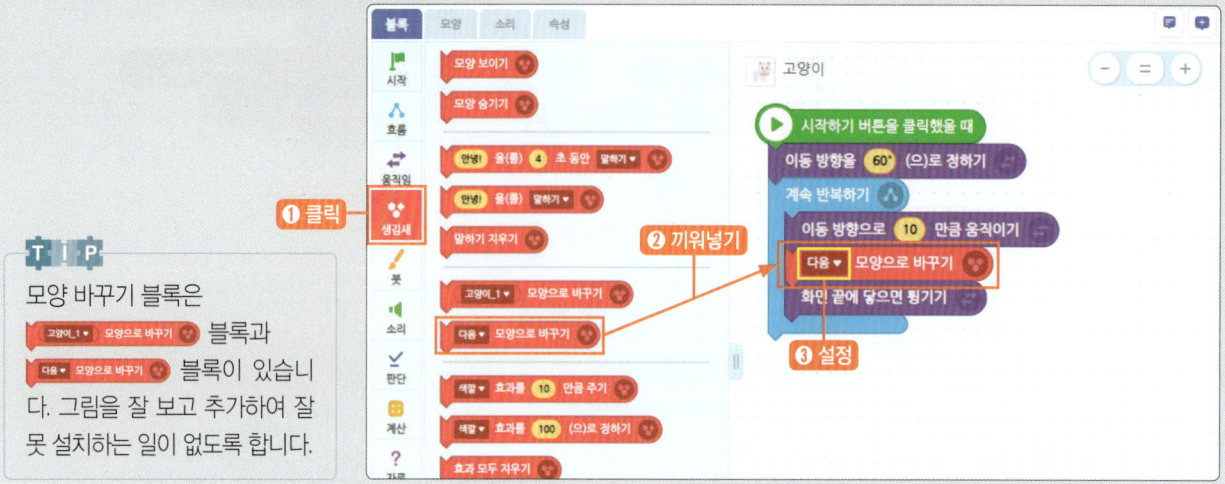

TIP
모양 바꾸기 블록은 `고양이_1▼ 모양으로 바꾸기` 블록과 `다음▼ 모양으로 바꾸기` 블록이 있습니다. 그림을 잘 보고 추가하여 잘못 설치하는 일이 없도록 합니다.

❷ '고양이' 오브젝트의 [모양] 탭을 눌러 여러 가지 모양을 확인해 봅니다.

❸ 게임의 시작 시 고양이의 크기를 지정할 수 있도록 [생김새] 블록 꾸러미에서 `크기를 100 (으)로 정하기` 블록을 `시작하기 버튼을 클릭했을 때` 블록 아래에 추가하고 크기를 '50'으로 입력합니다. 이어서, `이동 방향으로 10 만큼 움직이기` 블록의 움직이기 값을 '5'로 바꿔줍니다.

CHAPTER 01  스스로 해결하기

■ 불러올 파일 : 움직이는 고양이.ent   ■ 완성된 파일 : 천천히 달리는 고양이.ent

01 내 맘대로 상상하고 해결하기

미리보기 : 천천히 달리는 고양이.mp4

- 완성된 게임을 보면 고양이가 너무 정신없이 빠르게 달리고 있습니다. 어떻게 하면 고양이가 달리는 모습을 조금 천천히 바꿔 줄 수 있을까요?

HINT! '고양이' 오브젝트의 [모양] 탭을 자세히 살펴봅니다.

- 크기와 속도, 이동 방향이 다른 새로운 오브젝트를 추가해 봅니다.

CHAPTER 02 마우스로 캐릭터 조작하기

📁 불러올 파일 : 움직이는 고양이.ent   📁 완성된 파일 : 마우스로 캐릭터 조작하기.ent

이런걸 배워요!

- 조건문을 사용할 수 있습니다.
- 마우스를 클릭했을 때, 오브젝트를 움직일 수 있습니다.

▲ 미리보기 : 마우스로 캐릭터 조작하기.mp4

컴퓨터 사고력은 순서도로 부터!

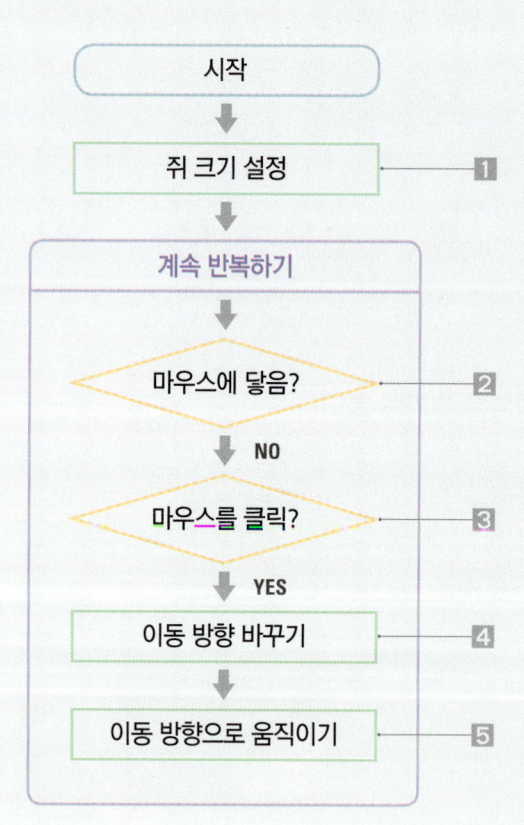

[쥐 오브젝트]

1. 쥐의 크기를 설정합니다.

― 계속 반복하기 ―

2. 쥐가 마우스 포인터에 닿으면 동작하지 않습니다.
3. 마우스를 클릭할 때만 아래의 코드가 동작합니다.
4. 쥐의 이동 방향을 마우스 포인터 방향으로 설정합니다.
5. 쥐를 이동 방향(마우스 포인터 방향)으로 움직입니다.

01 쥐 추가하기

❶ 불러올 파일, 또는 1차시에서 자신이 완성한 파일을 실행시킨 후 [+ 오브젝트 추가하기] 단추를 클릭합니다.

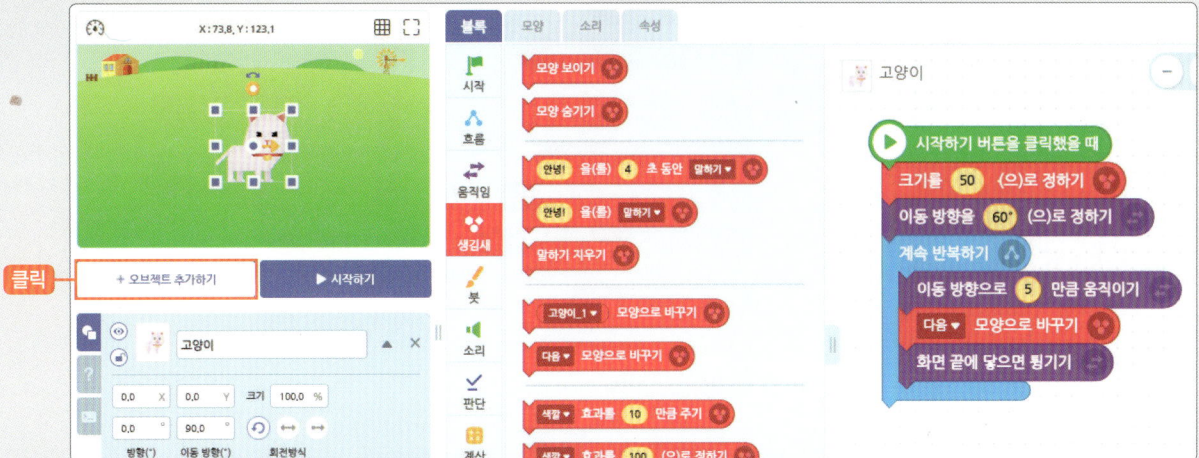

❷ 오른쪽 위 검색창에 '쥐'를 입력한 후 Enter 키를 누릅니다. 이어서, 고양이를 피해 다닐 '쥐' 오브젝트를 추가합니다.

> **TIP**
> 검색을 하면 해당 오브젝트를 더 빠르게 찾을 수 있습니다.

❸ '쥐' 오브젝트를 선택하고 [시작] 블록 꾸러미의 [시작하기 버튼을 클릭했을 때] 블록과 [생김새] 블록 꾸러미의 [크기를 100 (으)로 정하기] 블록을 조립한 후 고양이보다 크기를 작게 입력해 줍니다.

> **TIP**
> 교재에서는 '쥐' 오브젝트의 크기를 '40'으로 설정했습니다.

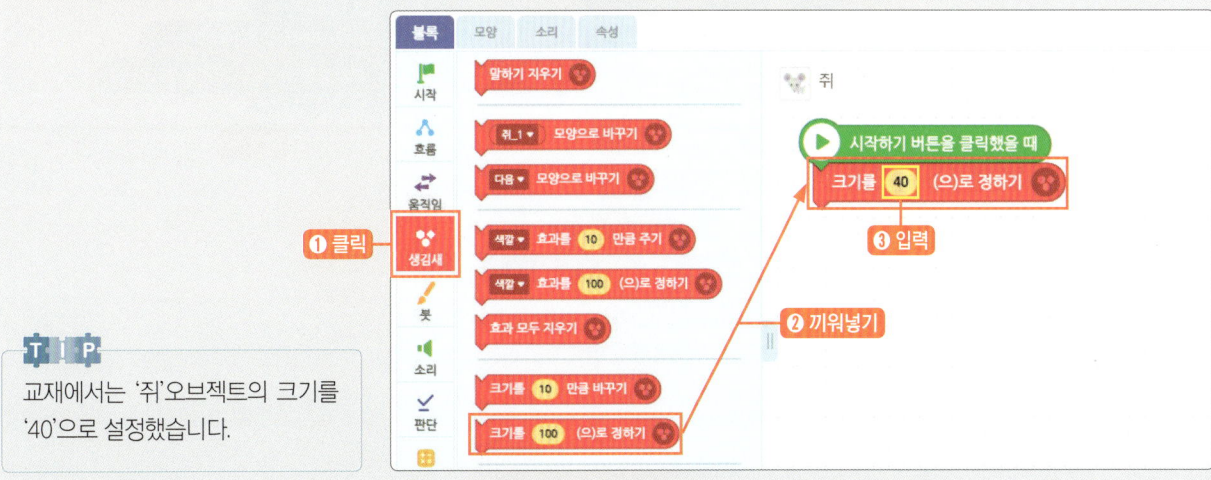

CHAPTER 02 마우스로 캐릭터 조작하기　013

④ [흐름] 블록 꾸러미에서 ![계속 반복하기] 블록을 추가하고 [움직임] 블록 꾸러미에서 ![쥐▼ 쪽 바라보기] 블록을 안쪽에 연결합니다. 이어서, 마우스 포인터를 바라볼 수 있도록 설정을 바꿔 줍니다.

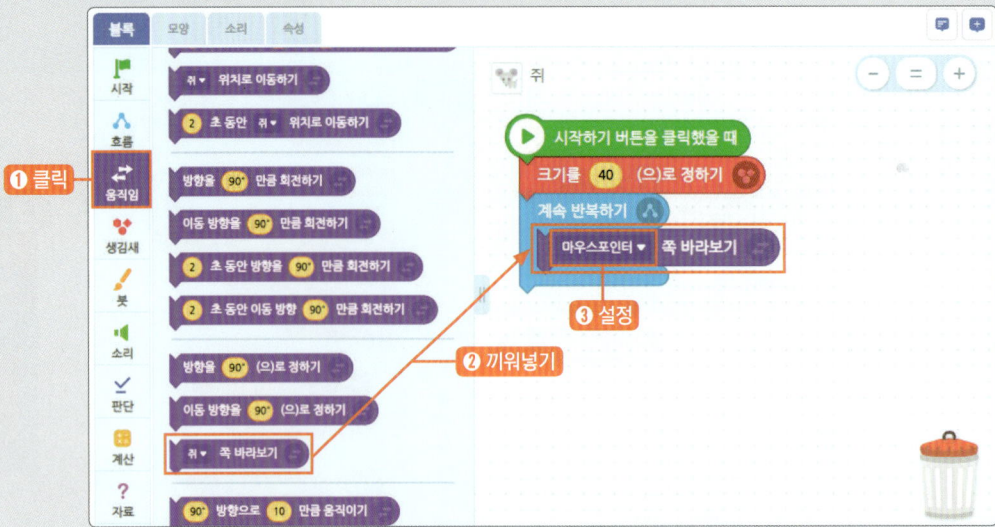

⑤ '쥐' 오브젝트의 이동방향을 270°로 설정해주고 움직일 때 뒤집히지 않도록 회전방식을 '좌우회전(↔)'으로 바꿔 줍니다.

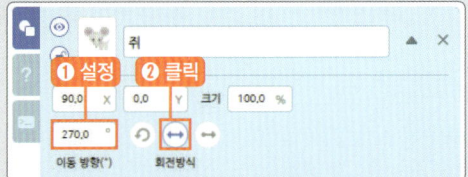

⑥ [움직임] 블록 꾸러미에서 ![이동 방향으로 10 만큼 움직이기] 블록을 안쪽에 연결하고 쥐의 이동 속도를 '5'로 입력합니다.

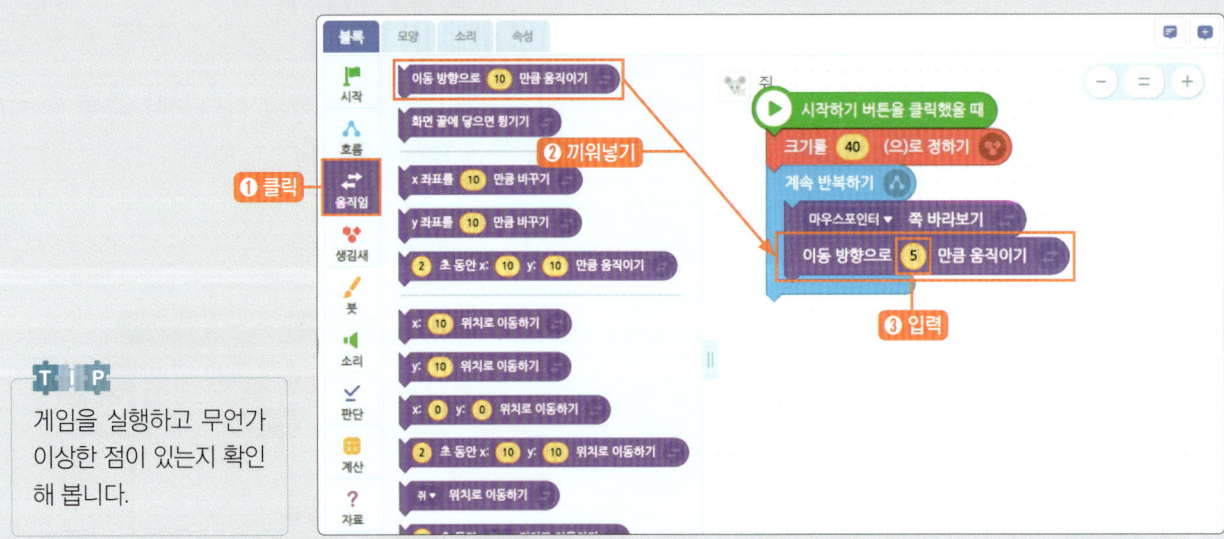

TIP 게임을 실행하고 무언가 이상한 점이 있는지 확인해 봅니다.

❼ [흐름] 블록 꾸러미에서  블록을 블록 안쪽 위에 연결합니다.

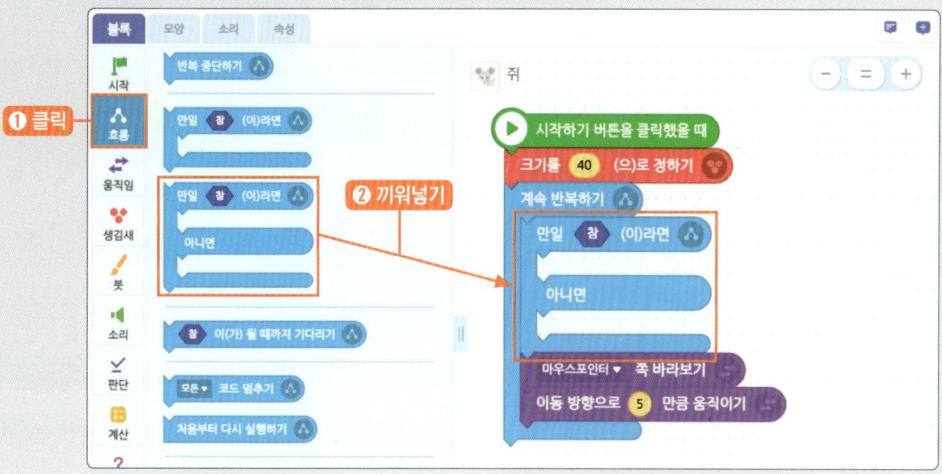

❽ [판단] 블록 꾸러미에서 `마우스포인터 ▼ 에 닿았는가?` 블록을 `참` 블록에 대신하여 조립합니다.

❾ 이전에 조립해둔 '움직임' 블록들을 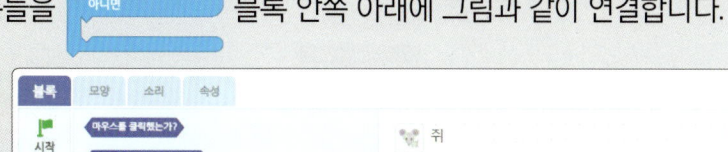 블록 안쪽 아래에 그림과 같이 연결합니다.

> **TIP**
> 게임을 실행시키고 쥐의 움직임을 살펴봅니다. 어떻게 움직이나요?

⑩ [흐름] 블록 꾸러미에서  블록을 꺼냅니다.

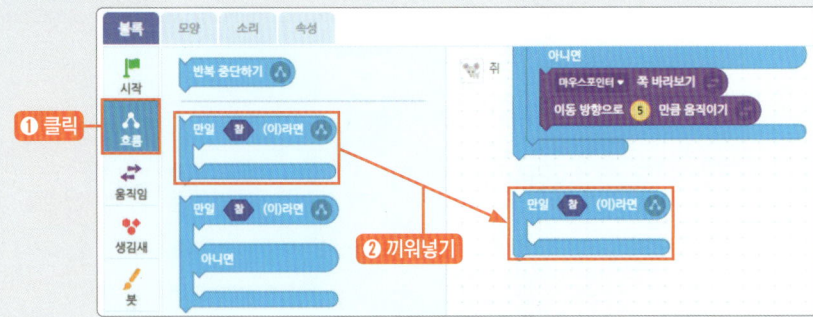

⑪ 마우스를 클릭했을 때만 쥐가 움직이도록 만들기 위해 꺼내어둔  에 [판단] 블록 꾸러미에 있는 `마우스를 클릭했는가?` 블록을 꺼내어 넣어줍니다.

⑫ 새로 조립한 블록을 기존의 블록 안쪽에 그림과 같이 연결합니다.

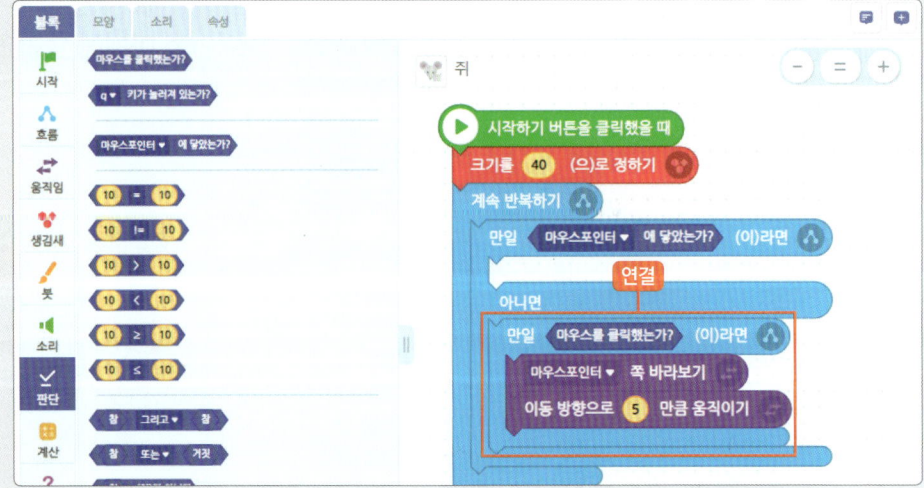

TIP
게임을 실행시키고 쥐의 움직임을 살펴봅니다. 어떻게 움직이나요?

CHAPTER 02  문제해결능력 스스로 해결하기

■ 불러올 파일 : 마우스로 캐릭터 조작하기.ent   ■ 완성된 파일 : 게임 난이도 조절하기-1.ent

01 내 맘대로 상상하고 해결하기
미리보기 : 게임 난이도 조절하기-1.mp4

● '고양이' 오브젝트의 크기와 속도, '쥐' 오브젝트의 크기와 속도를 바꿔가며 게임의 난이도를 조절해 보세요.

[고양이 오브젝트]   [쥐 오브젝트]

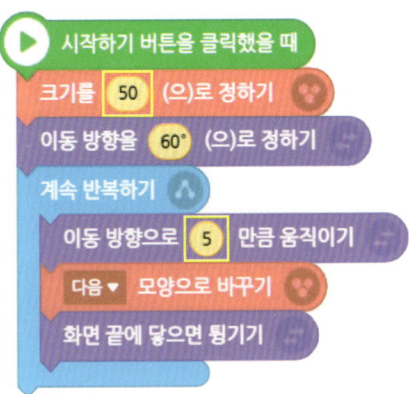
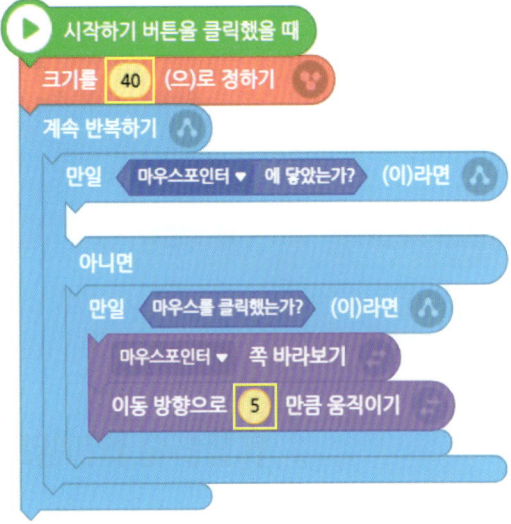

● 게임을 실행시키고 쥐를 움직여 고양이를 피해 보세요.

CHAPTER 02 마우스로 캐릭터 조작하기

CHAPTER 03 키보드로 캐릭터 조작하기

■ 불러올 파일 : 마우스로 캐릭터 조작하기.ent   ■ 완성된 파일 : 키보드로 캐릭터 조작하기.ent

이런걸 배워요!

- 키보드를 이용해 오브젝트를 움직일 수 있습니다.
- 좌표를 이용해 오브젝트를 이동시킬 수 있습니다.

▲ 미리보기 : 키보드로 캐릭터 조작하기.mp4

컴퓨터 사고력은 순서도로 부터!

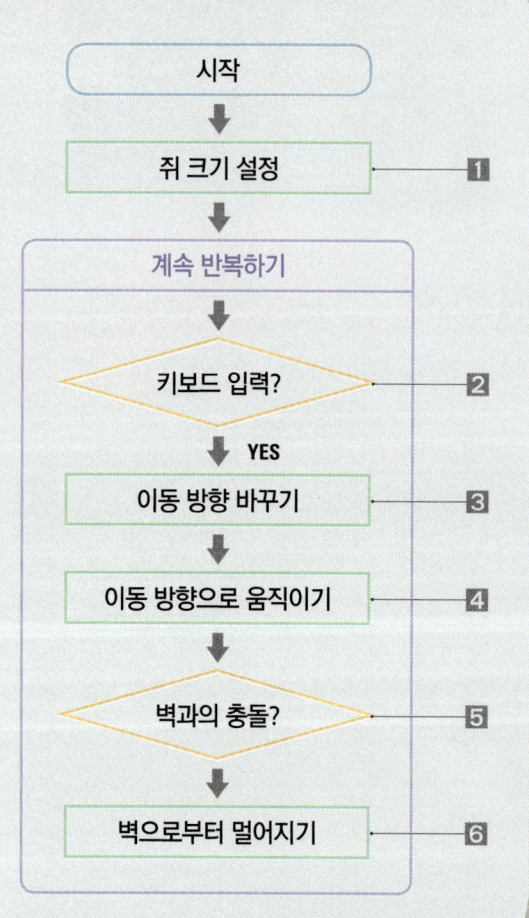

[쥐 오브젝트]

1 쥐의 크기를 설정합니다.

— 계속 반복하기 —

2 키보드의 방향키 입력 시 작동합니다.

3 키보드 입력 방향으로 이동 방향을 설정합니다.

4 이동 방향으로 쥐를 움직입니다.

5 쥐가 벽에 충돌하였을 때 작동합니다.

6 벽에 닿은 쥐를 벽으로부터 멀어지게 합니다.

01 키보드로 쥐 움직이기

❶ 불러올 파일을 불러온 후 마우스로 쥐를 제어하는 부분의 블록을 삭제합니다.

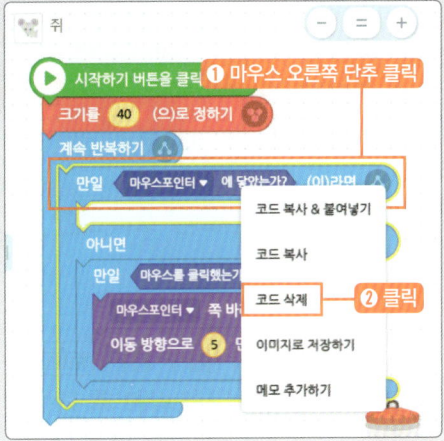

❷ [흐름] 블록 꾸러미에서 `만일 참 (이)라면` 블록을 `계속 반복하기` 블록 안쪽에 연결하고, [판단] 블록 꾸러미에서 `q▼ 키가 눌러져 있는가?` 블록을 조건으로 넣어준 후 '오른쪽 화살표'를 조건으로 설정합니다.

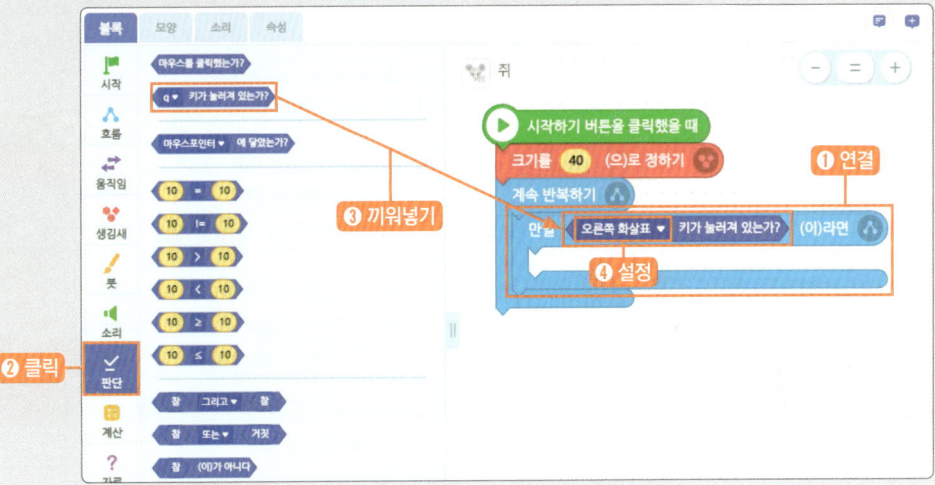

❸ [움직임] 블록 꾸러미의 `이동 방향을 90° (으)로 정하기` 블록을 꺼내어 안쪽에 추가하고 각도를 '90°'로 설정합니다.

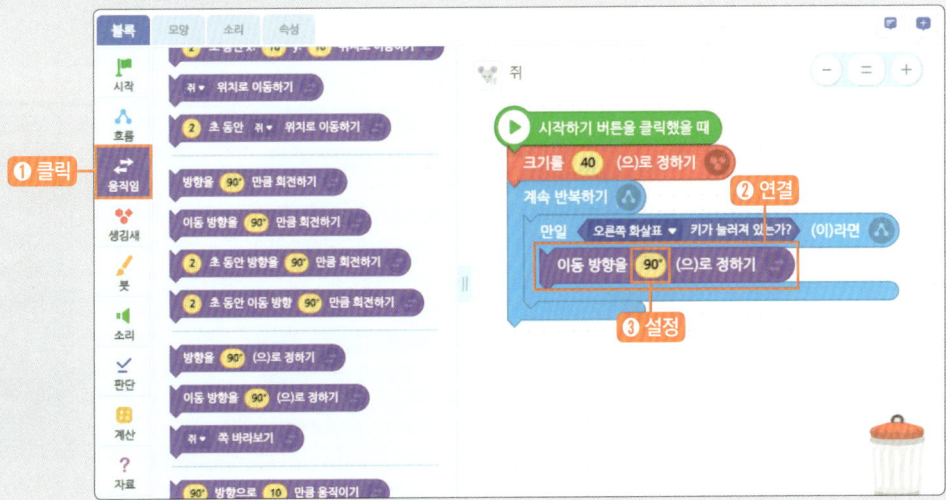

CHAPTER 03 키보드로 캐릭터 조작하기

❹ [움직임] 블록 꾸러미의 `이동 방향으로 10 만큼 움직이기` 블록을 안쪽에 추가하고 이동 속도를 '5'로 설정합니다.

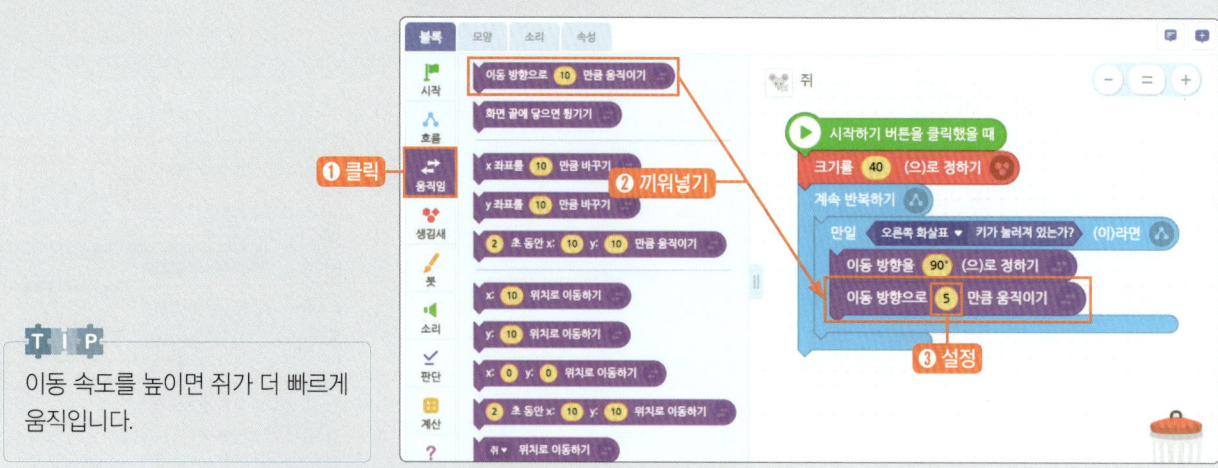

TIP
이동 속도를 높이면 쥐가 더 빠르게 움직입니다.

❺ [흐름] 블록 꾸러미의 `만일 참 (이)라면` 블록을 추가하고 '왼쪽 화살표'를 조건으로 설정합니다. 이어서, [움직임] 블록 꾸러미의 `이동 방향을 90° (으)로 정하기`, `이동 방향으로 10 만큼 움직이기` 블록을 방금 설치한 블록 안에 넣고 그림과 같이 조건값을 설정합니다.

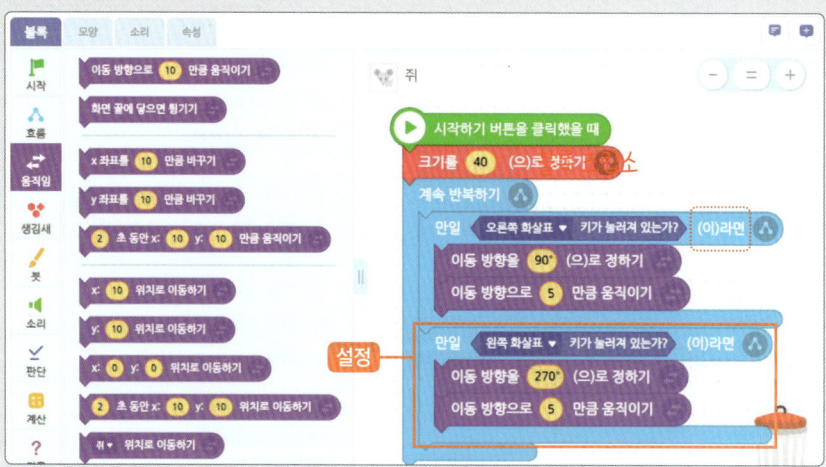

❻ [흐름] 블록 꾸러미의 `만일 참 (이)라면` 블록을 추가하고 '위쪽 화살표'를 조건으로 설정합니다. 이어서, 이동 방향을 '0°'로, 이동 속도를 '5'로 설정합니다.

❼ [흐름] 블록 꾸러미의 `만일 참 (이)라면` 블록을 추가하고 '아래쪽 화살표'를 조건으로 설정합니다. 이어서, 이동 방향을 '180°'로, 이동 속도를 '5'로 설정합니다.

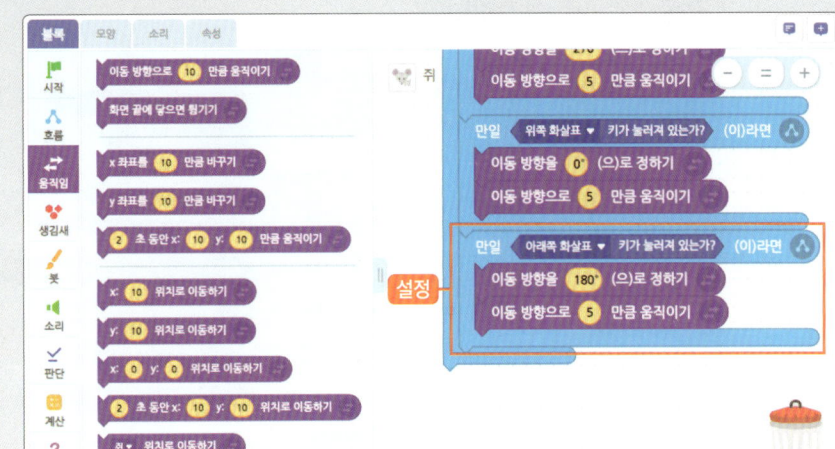

TIP 조립된 순서에 따라 오른쪽, 왼쪽, 위쪽, 아래쪽 순서대로 코드가 동작합니다. 오른쪽과 위쪽이 동시에 눌렸다면 오른쪽으로 5, 위쪽으로 5만큼 움직이게 됩니다.

02 쥐가 벽을 넘지 못하게 만들기

❶ [시작] 블록 꾸러미의 `시작하기 버튼을 클릭했을 때` 블록을 [흐름] 블록 꾸러미의 `계속 반복하기` 블록을 꺼내 연결합니다.

❷ [흐름] 블록 꾸러미에서 `만일 참 (이)라면` 블록을 추가하고 [판단] 블록 꾸러미에서 `마우스포인터 에 닿았는가?` 블록을 꺼낸 후 조건을 '오른쪽 벽'으로 설정합니다. 이어서, 해당 블록을 앞서 꺼낸 블록의 조건으로 설정하고 [움직임] 꾸러미의 `x좌표를 10 만큼 바꾸기` 블록을 안쪽에 연결한 후 값을 '-10'으로 설정합니다.

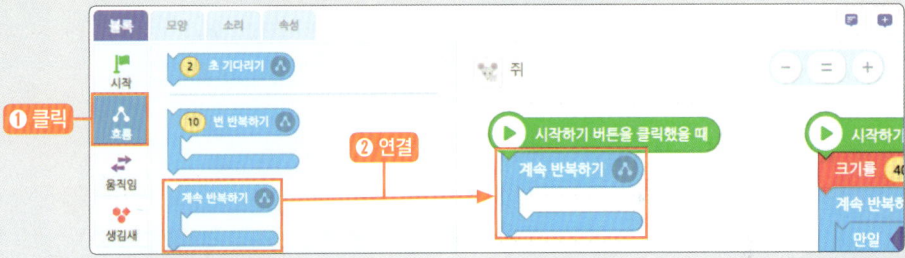

❸ [흐름] 블록 꾸러미에서 `만일 참 (이)라면` 블록을 추가하고 `마우스포인터 에 닿았는가?` 블록을 조건으로 넣은 후 '왼쪽 벽'을 조건값으로 설정합니다. 이어서, [움직임] 블록 꾸러미의 `x좌표를 10 만큼 바꾸기` 블록을 안쪽에 연결하고 값을 '10'으로 설정합니다.

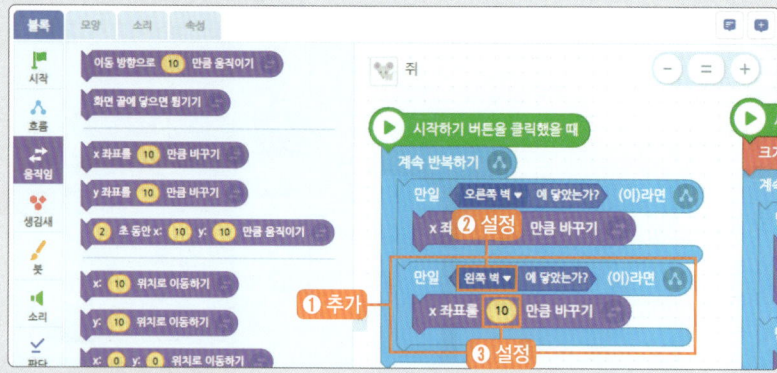

❹ [흐름] 블록 꾸러미에서 `만일 참 (이)라면` 블록을 추가하고 `마우스포인터 에 닿았는가?` 블록을 조건으로 넣은 후 '위쪽 벽'을 조건값으로 설정합니다. 이어서, [움직임] 블록 꾸러미의 `y좌표를 10 만큼 바꾸기` 블록을 안쪽에 연결하고 값을 '-10'으로 설정합니다.

❺ [흐름] 블록 꾸러미에서 `만일 참 (이)라면` 블록을 추가하고 `마우스포인터 에 닿았는가?` 블록을 조건으로 넣은 후 '아래쪽 벽'을 조건값으로 설정합니다. 이어서, [움직임] 블록 꾸러미의 `y좌표를 10 만큼 바꾸기` 블록을 안쪽에 연결하고 값을 '10'으로 설정합니다.

  스스로 해결하기

■ 불러올 파일 : 키보드로 캐릭터 조작하기.ent   ■ 완성된 파일 : 게임 난이도 조절하기-2.ent

01 내 맘대로 상상하고 해결하기

미리보기 : 게임 난이도 조절하기-2.mp4

● '고양이' 오브젝트의 크기와 속도, '쥐' 오브젝트의 크기와 속도를 바꿔가며 게임의 난이도를 조절해 보세요.

> **TIP**
> 고양이의 속도를 올리거나 쥐의 속도를 낮추면 게임이 어려워집니다.

[고양이 오브젝트]   [쥐 오브젝트]

● 쥐의 크기와 쥐가 벽에 닿았을 때 바꿔 주는 좌표의 크기를 변경해 보세요!

> **TIP**
> 쥐가 커질수록 벽에서 튕기는 거리가 더 멀어져야 합니다.

[쥐 오브젝트]

CHAPTER 04 고양이가 쥐를 잡았다

📁 **불러올 파일** : 키보드로 캐릭터 조작하기.ent   📁 **완성된 파일** : 고양이가 쥐를 잡았다.ent

이런걸 배워요!

- 소리를 추가하고 재생할 수 있습니다.
- 말풍선을 사용하여 대사를 보여줄 수 있습니다.
- 코드의 동작을 멈출 수 있습니다.

▲ 미리보기 : 고양이가 쥐를 잡았다.mp4

컴퓨터 사고력은 순서도로 부터!

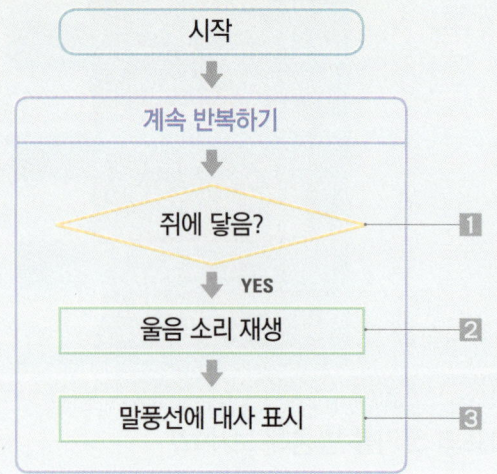

[고양이 오브젝트]

계속 반복하기

1. 고양이가 쥐에 닿은 경우에만 코드가 동작합니다.
2. 고양이 울음소리를 재생합니다.
3. 말풍선에 쥐를 잡았다는 대사를 표시합니다.

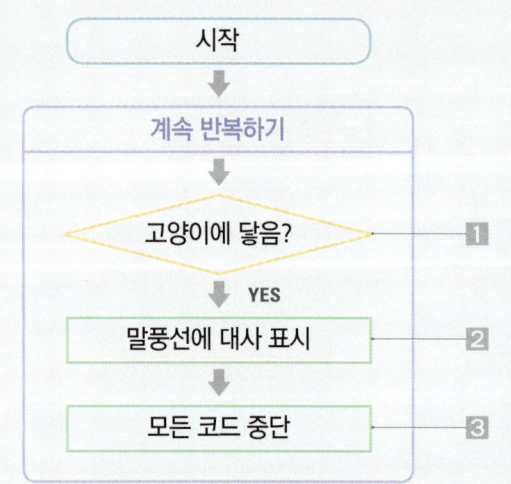

[쥐 오브젝트]

계속 반복하기

1. 쥐가 고양이에 닿은 경우에만 코드가 동작합니다.
2. 말풍선에 고양이에게 잡혔다는 대사를 표시합니다.
3. 쥐가 고양이에게 잡혔으므로, 모든 코드를 중단합니다.

01 고양이가 쥐를 잡았을 때

❶ 지난 시간 만들어둔 작품을 불러옵니다. 이어서, '고양이' 오브젝트를 선택하고 [시작] 블록 꾸러미의 `시작하기 버튼을 클릭했을 때` 블록과 [흐름] 블록 꾸러미의 `계속 반복하기` 블록을 추가합니다.

❷ [흐름] 블록 꾸러미에서 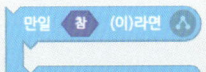 블록을 꺼내 안쪽에 추가합니다.

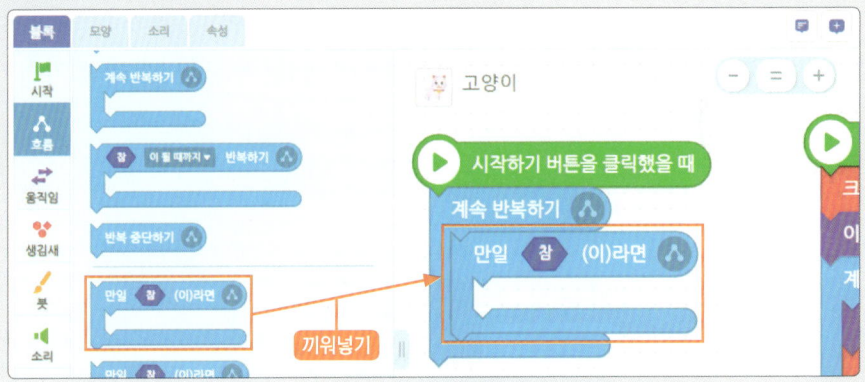

❸ [판단] 블록 꾸러미에서 `마우스포인터 ▼ 에 닿았는가?` 블록을 꺼내어 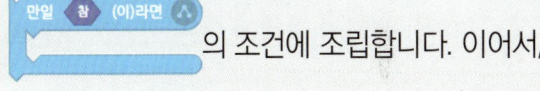 의 조건에 조립합니다. 이어서, 충돌 판단 오브젝트를 쥐로 바꿔 줍니다.

CHAPTER 04 고양이가 쥐를 잡았다 025

④ [생김새] 블록 꾸러미에서 ![블록] 블록을 꺼내어 조건문 안쪽에 연결합니다. 이어서, 고양이가 쥐를 잡았을 때 말할 대사 '잡았다!'를 1초 동안 말할 수 있게 입력합니다.

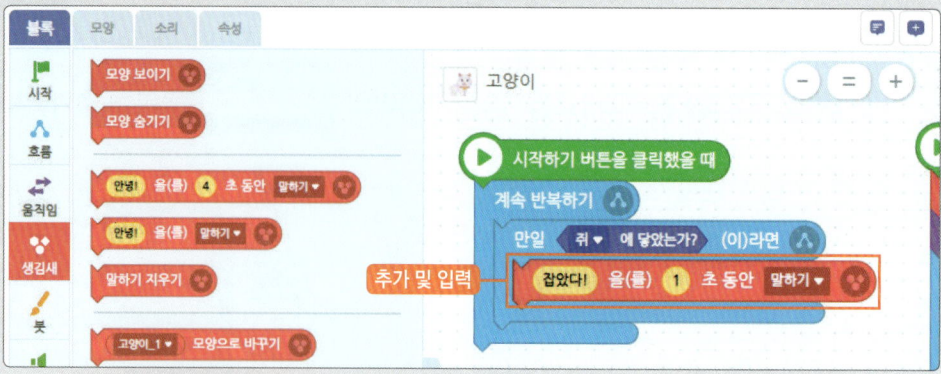

02 고양이 울음소리 추가하기

❶ 고양이 울음소리를 추가하기 위해 [소리] 탭을 누르고 [소리 추가하기] 단추를 누릅니다.

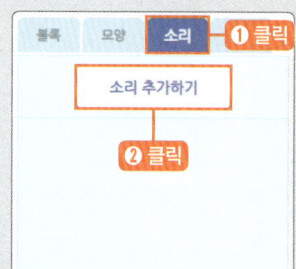

❷ [자연] 탭에서 마음에 드는 고양이 울음소리를 선택하고 ![추가하기] 단추를 누릅니다.

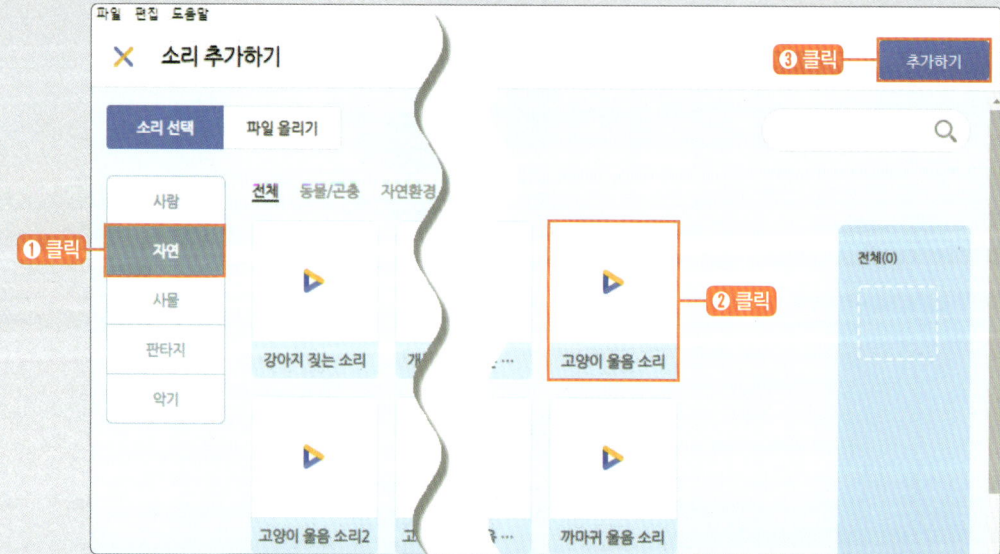

❸ '고양이' 오브젝트의 [소리] 탭에서 '고양이 울음소리'가 추가된 것을 확인합니다.

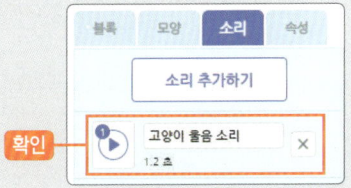

❹ [소리] 블록 꾸러미에서 ![소리 블록] 블록을 꺼내어 안쪽에 연결하고, 재생할 소리를 '고양이 울음소리'로 설정합니다.

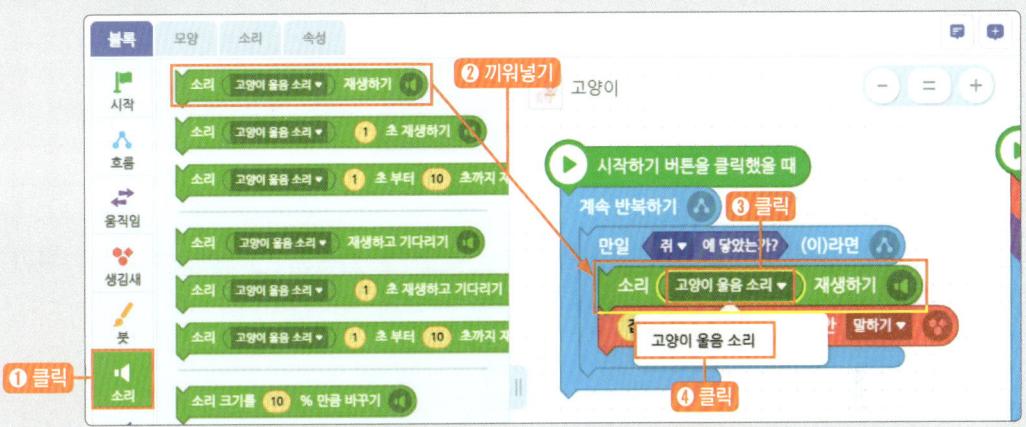

03 쥐가 고양이에게 잡혔을 때

❶ 고양이에 닿은 쥐에게도 이벤트를 추가하기 위해 '쥐' 오브젝트를 선택하고 [시작] 블록 꾸러미의 ![시작하기 버튼을 클릭했을 때] 블록과 [흐름] 블록 꾸러미의 ![계속 반복하기] 블록을 추가합니다.

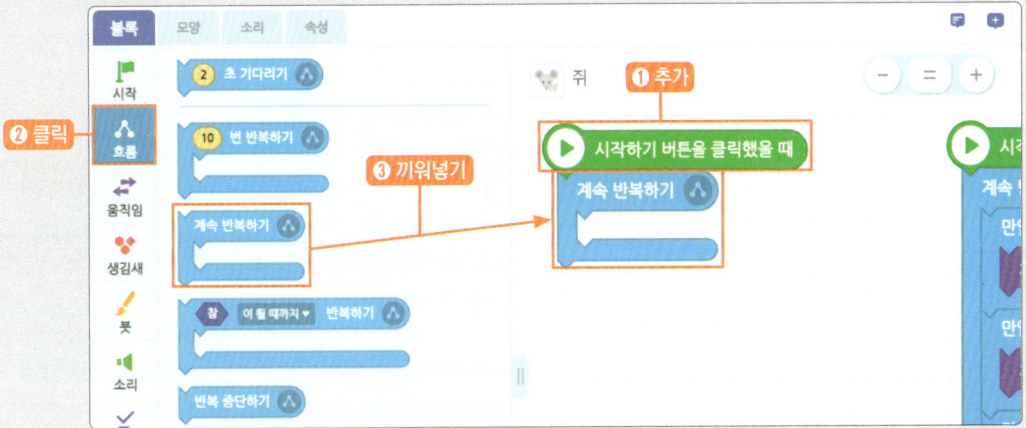

❷ [흐름] 블록 꾸러미에서 블록을 추가하고 [판단] 블록 꾸러미에서 블록을 조립한 뒤 조건을 '고양이'로 설정합니다.

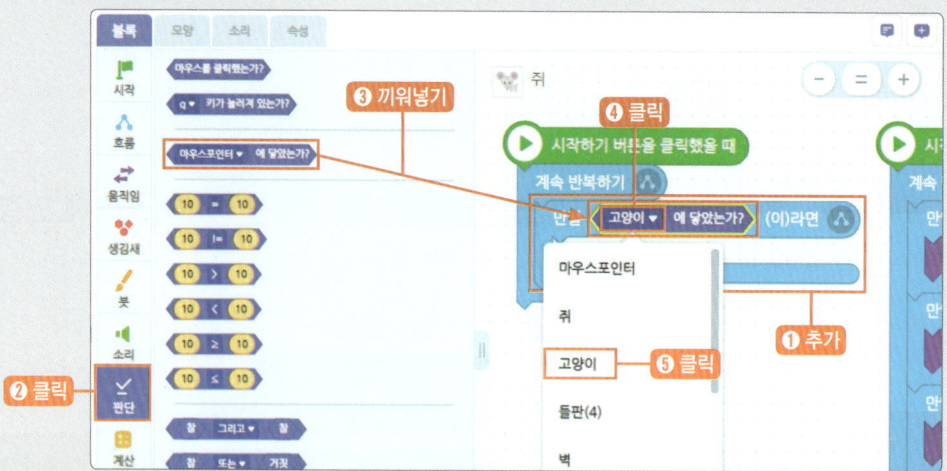

❸ [생김새] 블록 꾸러미에서 블록을 안쪽에 연결하고 쥐가 고양이에게 잡혔을 때 표시할 대사 '나 죽어…'를 '2초' 동안 말할 수 있게 입력합니다.

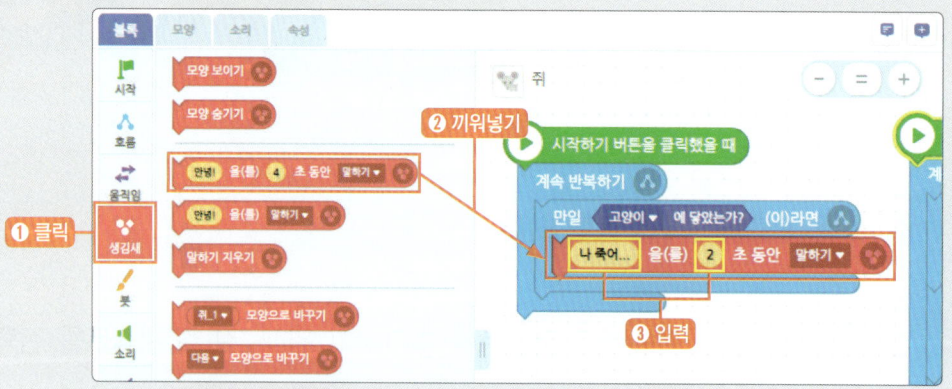

❹ [흐름] 블록 꾸러미에서 블록을 꺼내어 아래쪽에 연결합니다.

TIP
고양이에게 쥐가 잡혀도 몇 초 정도 고양이가 더 움직이다가 게임이 종료됩니다. 왜 그럴까요?

CHAPTER 04  스스로 해결하기

■ 불러올 파일 : 고양이가 쥐를 잡았다.ent   ■ 완성된 파일 : 대사 바꾸고 배경음악 넣기.ent

01 내 맘대로 상상하고 해결하기

● '고양이'와 '쥐'의 대사를 바꿔 보세요.

● 배경이 되는 '들판' 오브젝트에 아래와 같은 코드 블록을 추가하고 배경 음악을 넣어 보세요.

● 마음에 드는 소리가 없다면 [파일 올리기] 탭에서 원하는 배경음악을 넣어 재생할 수 있습니다.

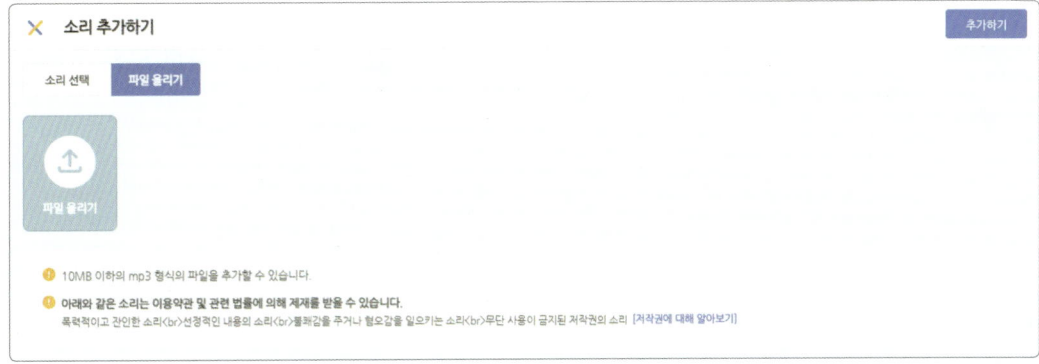

CHAPTER 05 쥐의 체력 감소

■ 불러올 파일 : 고양이가 쥐를 잡았다.ent   ■ 완성된 파일 : 쥐의 체력 감소.ent

이런걸 배워요!

- 변수를 선언하고 사용할 수 있습니다.
- 변수의 변화에 따른 조건문을 사용할 수 있습니다.
- 변수를 기반으로 체력 바를 만들고 표현할 수 있습니다.

▲ 미리보기 : 쥐의 체력 감소.mp4

컴퓨터 사고력은 순서도로 부터!

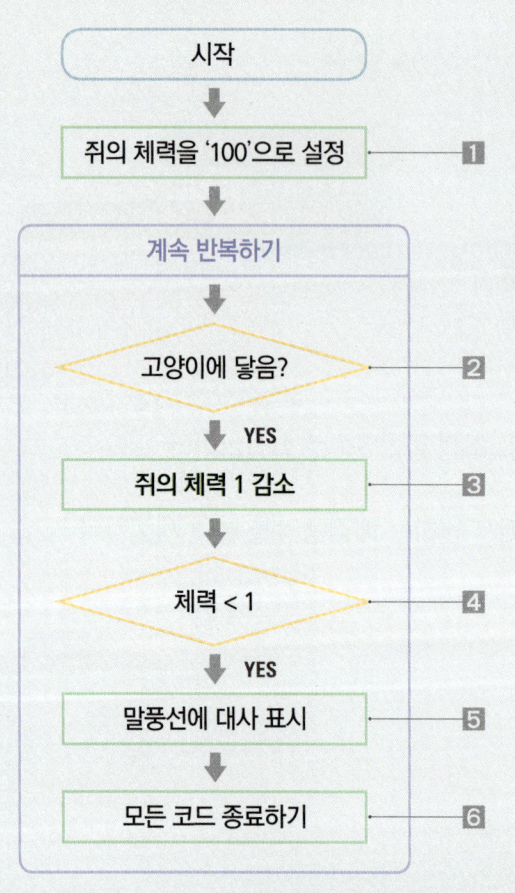

[쥐 오브젝트]

1 쥐의 체력을 100으로 설정합니다.

계속 반복하기

2 고양이에 쥐가 닿았을 때만 코드가 동작합니다.

3 쥐의 체력을 1 감소시킵니다.

4 쥐의 체력이 1보다 작아지면 아래의 코드가 동작합니다.

5 말풍선에 쥐의 마지막 대사를 표시합니다.

6 쥐가 죽었으므로 모든 코드를 중단합니다.

01 체력 변수 만들기

❶ '쥐' 오브젝트를 클릭하고 [속성] 탭에서 '변수' 항목을 선택합니다. 변수 추가하기 단추를 눌러 모든 오브젝트에서 사용 가능한 변수를 '쥐 : 체력'으로 이름을 설정한 뒤 추가합니다.

TIP 추가된 변수의 ⊙ 단추를 눌러 변수를 게임 화면에서 숨겨줍니다.

❷ [자료] 블록 꾸러미에서 블록을 꺼내어 아래에 연결하고 변수를 앞서 만든 '쥐 : 체력'으로 선택한 후 조건 값을 '100'으로 설정합니다.

❸ [자료] 블록 꾸러미에서 블록을 꺼내어 그림과 같이 안쪽에 연결하고 고양이와 충돌한 쥐의 체력이 줄어들 수 있도록 변수 값을 '쥐 : 체력'으로, 조건 값을 '-1'로 설정합니다.

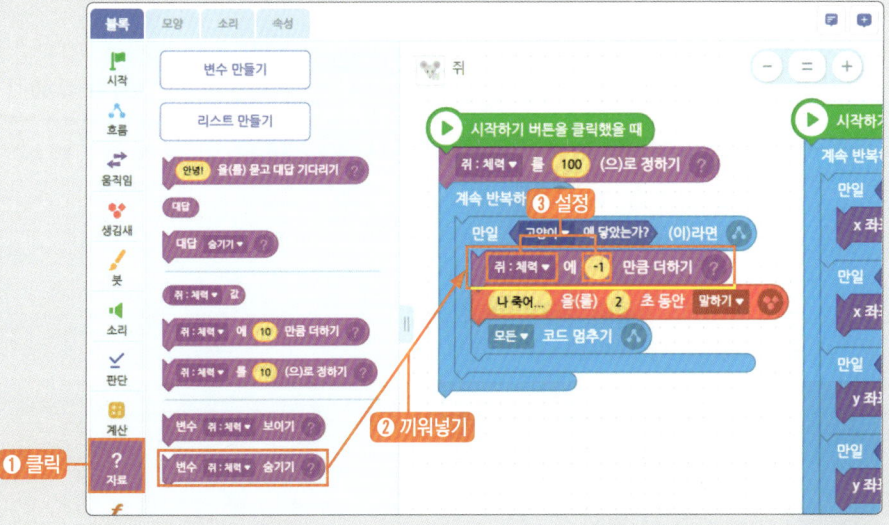

CHAPTER 05 쥐의 체력 감소 **031**

④ [흐름] 블록 꾸러미에서 `만일 참 (이)라면` 블록을 꺼내어 그림과 같이 안쪽에 연결하고 `나 죽어... 을(를) 2 초 동안 말하기` 블록과 `모든 코드 멈추기` 블록을 새로 추가한 블록의 안쪽으로 옮깁니다.

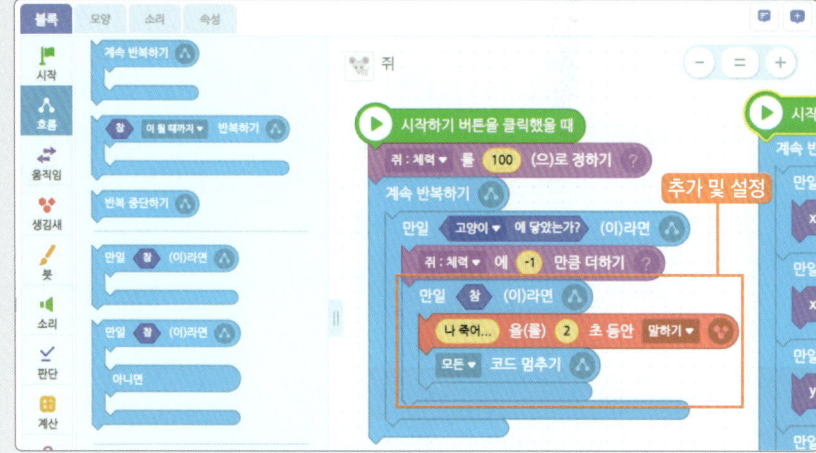

⑤ [판단] 블록 꾸러미에서 `10 < 10` 블록을 꺼내 `만일 참 (이)라면` 블록의 조건으로 추가합니다. 이어서, 자료 꾸러미의 `값` 블록을 꺼내어 왼쪽에 넣고 1보다 쥐의 체력이 낮을 때 코드가 작동하도록 그림과 같이 블록을 조립합니다.

02 체력 바 만들기

① 쥐의 체력 바는 새로운 오브젝트로 만들어 주어야 합니다. `+ 오브젝트 추가하기` 단추를 누르고 [새로 그리기] 탭을 선택한 뒤 아무것도 그리지 않은 채로 `추가하기` 단추를 누릅니다.

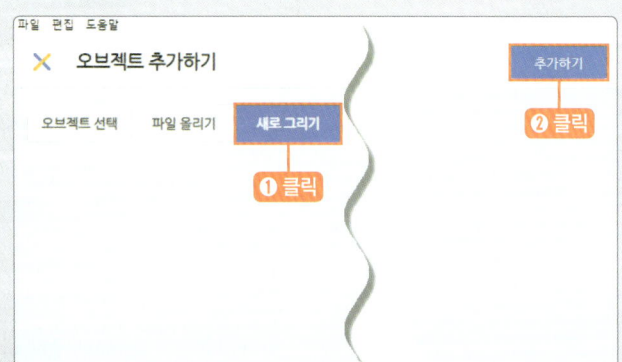

> **TIP**
> 앞서 '쥐:체력' 변수를 모든 오브젝트에서 사용 가능하게 만든 이유가 무엇일까요?

032 ▸ 엔트리로 만드는 프로젝트 게임

❷ 새롭게 추가된 오브젝트를 선택하고 이름을 '쥐 : 체력바'로 바꿔준 후 [모양] 탭에서 아무런 그림도 그리지 않고 저장합니다.

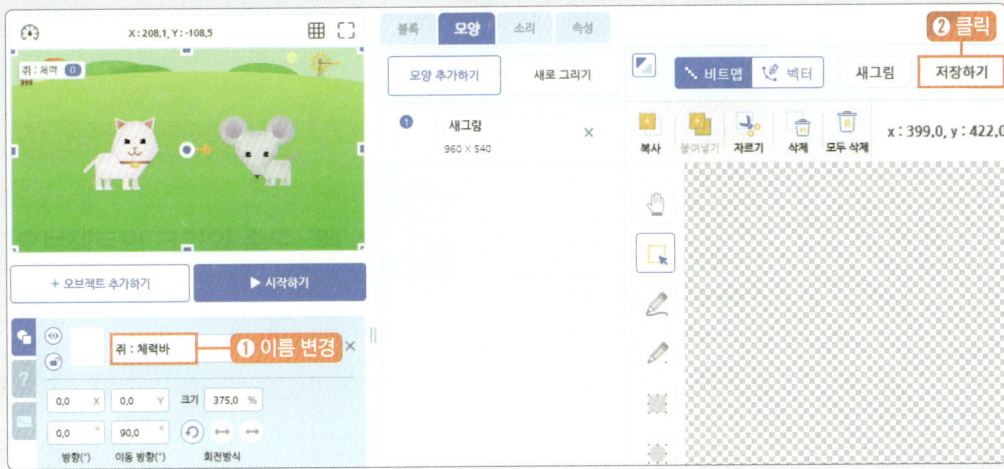

❸ '쥐 : 체력바' 오브젝트에 [시작] 블록 꾸러미의 시작하기 버튼을 클릭했을 때 블록과 [흐름] 블록 꾸러미의 계속 반복하기 블록을 추가하고 [움직임] 블록 꾸러미에서 x: 0 y: 0 위치로 이동하기 블록을 꺼내어 안쪽에 연결합니다.

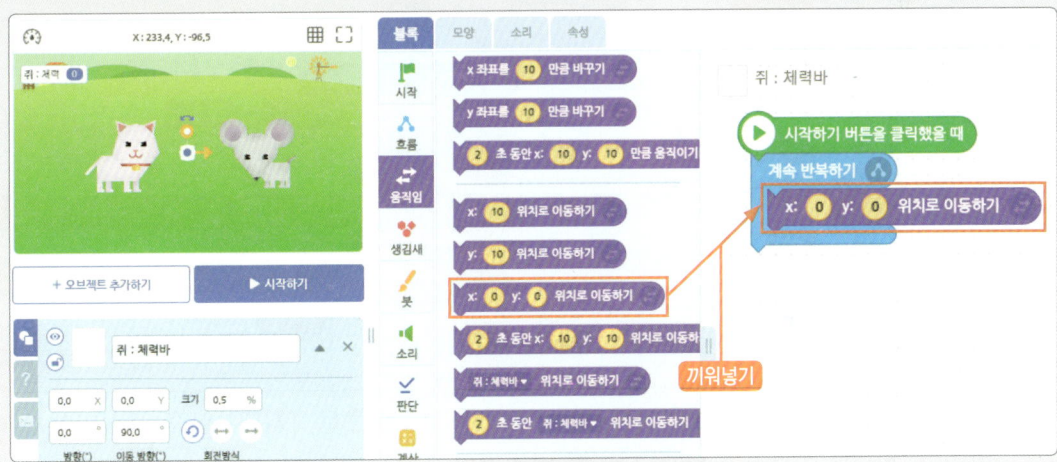

❹ [계산] 블록 꾸러미에서 10 - 10 블록을 꺼내어 x: 0 y: 0 위치로 이동하기 블록의 x값에 넣어줍니다. 이어서, 뺄셈 블록의 앞쪽에 [계산] 블록 꾸러미의 의 블록을 삽입하고 '쥐의 x좌표값'을 조건값으로 설정한 후 뒤쪽에는 숫자 '25'로 설정해 줍니다.

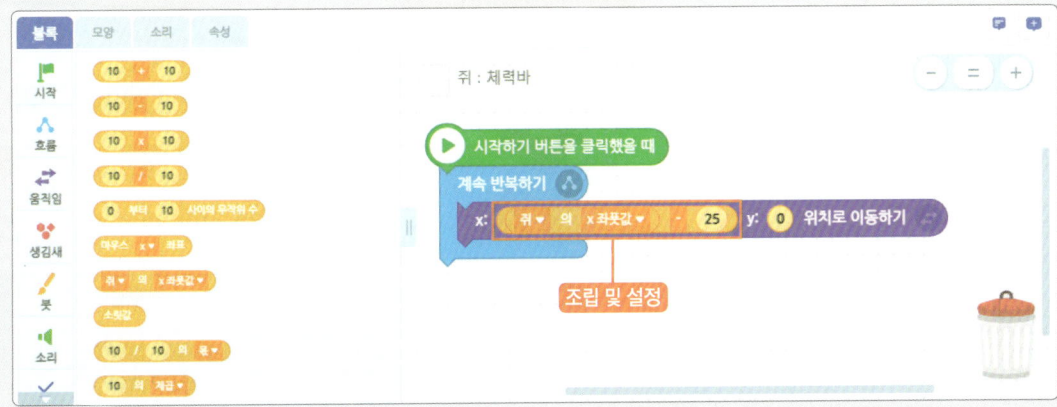

❺ [계산] 블록 꾸러미에서 `10 + 10` 블록을 꺼내어 `x: 쥐의 x좌푯값 - 25 y: 10 위치로 이동하기` 블록의 y값에 넣어줍니다. 이어서, 덧셈 블록의 앞쪽에 [계산] 블록 꾸러미의 `의` 블록을 삽입하고 '쥐의 y좌표값'을 조건값으로 설정한 후 뒤쪽에는 숫자 '35'를 입력합니다.

❻ [붓] 블록 꾸러미에서 `붓의 굵기를 1 (으)로 정하기` 블록을 꺼내어 `시작하기 버튼을 클릭했을 때` 블록 밑에 추가하고 값을 '10'으로 설정한 후 [붓] 블록 꾸러미의 `모든 붓 지우기` 블록을 `계속 반복하기` 블록 안쪽의 맨 위에, `그리기 시작하기` 블록을 맨 아래에 추가합니다. 이어서, 보라색 블록 전체를 복사하여 가장 아래쪽에 추가 한 뒤, 뺄셈 기호를 덧셈 기호로 바꿔 줍니다.

❼ [계산] 블록 꾸러미에서 `10 - 10`, `10 / 10` 블록을, [자료] 블록 꾸러미에서 `값` 블록을 꺼내어 그림에 표시된 위치에 조립 후 변수값은 '쥐 : 체력'으로, 조건값은 그림과 같이 입력합니다.

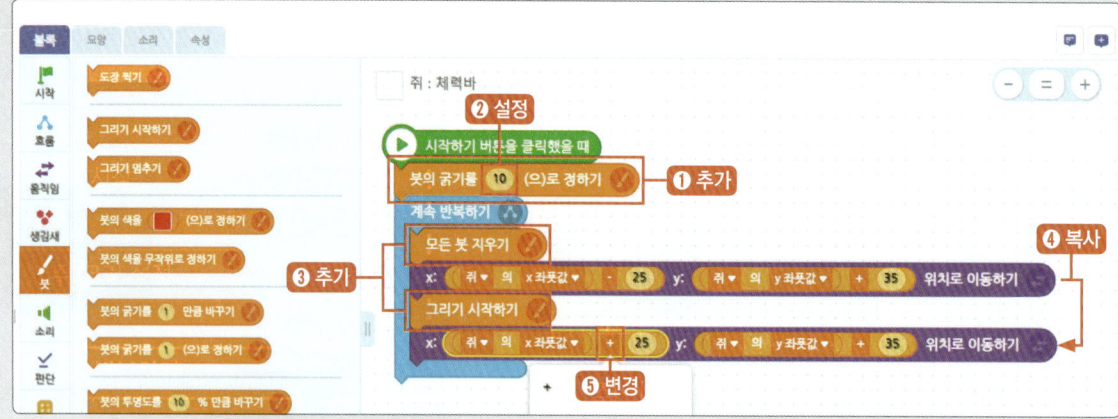

CHAPTER 05 스스로 해결하기

■ 불러올 파일 : 쥐의 체력 감소.ent   ■ 완성된 파일 : 더 빨리 닳는 쥐의 체력.ent

01 내 맘대로 상상하고 해결하기

미리보기 : 더 빨리 닳는 쥐의 체력.mp4

● 고양이와 충돌한 쥐의 체력이 줄어드는 정도를 바꿔 봅니다.

TIP
[쥐 : 체력에 ~ 만큼 더하기] 블록의 숫자를 바꿔 봅니다.

● 쥐의 체력이 줄어드는 정도를 늘리면 쥐의 체력이 줄어드는 속도가 너무 빨라집니다. [흐름] 블록 꾸러미에서 [2 초 기다리기] 블록을 꺼내어 안쪽에 추가하여 쥐의 체력이 줄어드는 간격을 늘려봅니다.

● 쥐의 체력을 바꿔 봅니다. 이어서, 바뀐 쥐의 체력에 따라 '체력바' 블록의 좌푯값에 더하고 빼는 값을 조절하여 체력 게이지가 자연스럽게 쥐의 머리에 있을 수 있도록 연습해 봅니다.

TIP
쥐의 y좌푯값에 더하는 값을 줄이면 체력 게이지가 쥐와 좀 더 가까워지고 키우면 좀 더 멀어집니다.

[쥐 오브젝트]   [쥐_체력바 오브젝트]

CHAPTER 06 많아지는 고양이

■ 불러올 파일 : 쥐의 체력 감소.ent   ■ 완성된 파일 : 많아지는 고양이.ent

이런 걸 배워요!

- 초시계를 사용할 수 있습니다.
- 시간을 이용하여 주기적으로 동작하는 코드를 구현할 수 있습니다.

▲ 미리보기 : 많아지는 고양이.mp4

컴퓨터 사고력은 순서도로 부터!

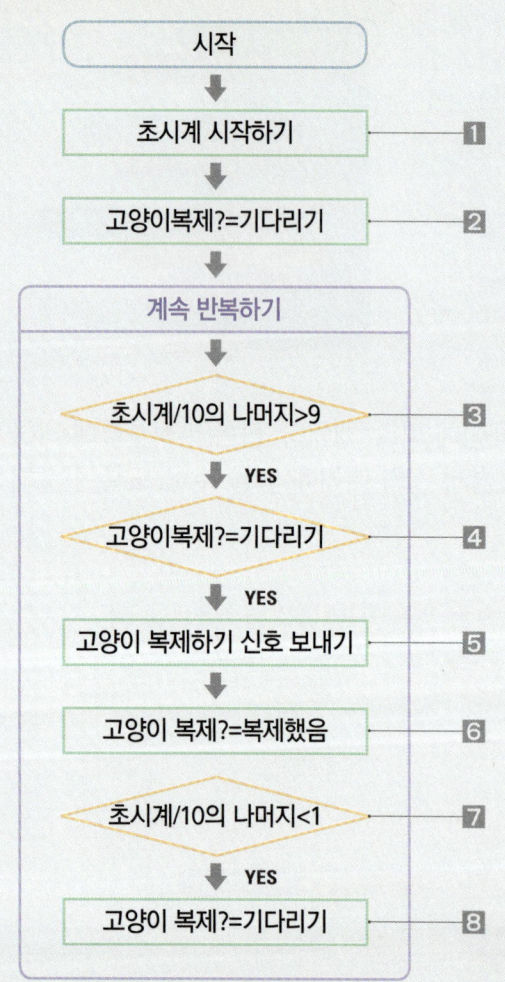

[들판 오브젝트]

1. 초시계를 동작시킵니다.

2. '고양이 복제' 변수를 '기다리기' 상태로 설정합니다.

   ─ 계속 반복하기 ─

3. 초시계의 시간을 10으로 나눈 나머지 값이 4보다 클 때 아래의 코드가 작동합니다.

4. '고양이 복제' 변수의 값이 '기다리기' 일 때 아래의 코드가 작동합니다.

5. 고양이를 복제하기 위한 신호를 보냅니다.

6. 10초에 한 번만 코드가 동작할 수 있도록 '고양이 복제' 변수를 '복제했음'으로 설정합니다.

7. 초시계의 시간을 10으로 나눈 나머지 값이 1보다 작아질 때 아래의 코드가 작동합니다.

8. '고양이 복제' 변수를 '기다리기' 상태로 되돌립니다.

01 들판에서 반복되는 신호 보내기

❶ '들판' 오브젝트를 선택하고 [시작하기 버튼을 클릭했을 때], [초시계 시작하기] 블록을 꺼내어 아래에 연결해 줍니다.

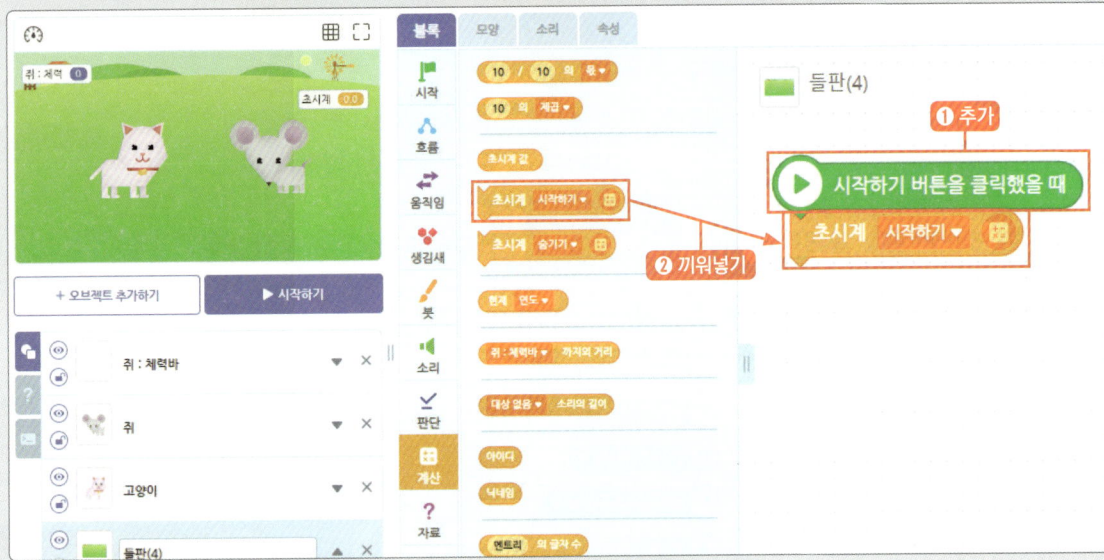

❷ [계속 반복하기] 블록과 [만일 참 (이)라면] 블록을 꺼내 그림과 같이 연결합니다.

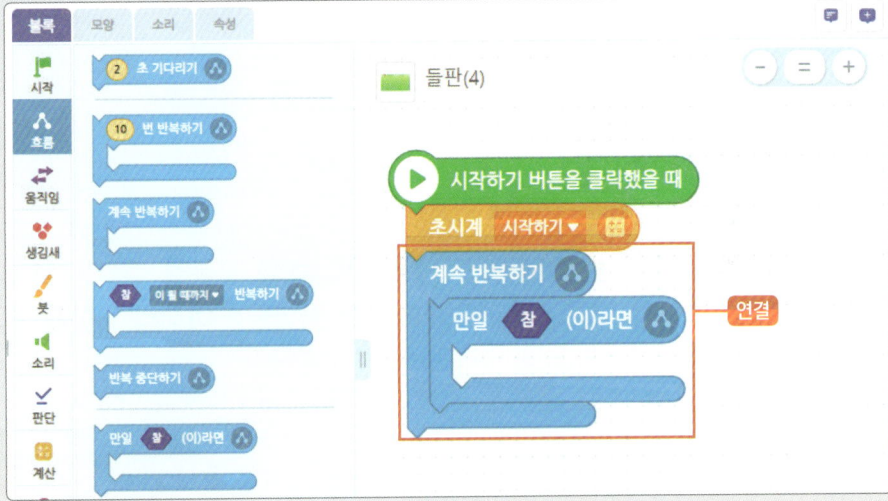

❸ [만일 참 (이)라면] 블록의 조건으로 [10 > 10] 블록을 꺼내 넣어주고 앞쪽 빈칸에는 [10 / 10 의 나머지], [초시계 값] 블록을 넣어줍니다. 이어서, 나머지 값을 그림과 같이 설정해 줍니다.

④ [속성] 탭에서 신호를 선택하고 신호 추가하기 단추를 눌러 '고양이 복제하기' 신호를 추가합니다.

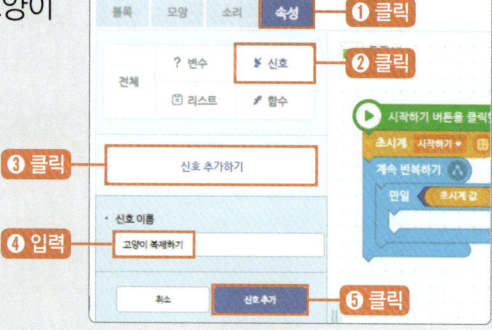

⑤ 신호 보내기 블록을 꺼내어 만일 참 (이)라면 블록 안쪽에 연결하고 신호값을 그림과 같이 설정합니다.

02 고양이 복제하기

① '고양이' 오브젝트를 선택하고 신호를 받았을 때 블록을 추가한 후 그 아래에 자신▼ 의 복제본 만들기 블록을 꺼내 연결합니다. 이어서, 기존에 작성해둔 블록들을 아래의 그림과 같이 합쳐 줍니다.

❷ [흐름] 블록 꾸러미에서 블록을 꺼내어 추가합니다.

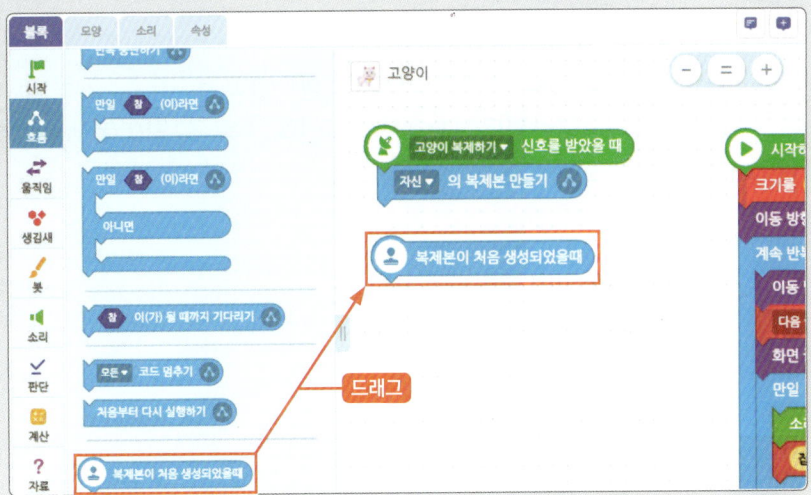

❸ 기존 '고양이' 오브젝트에 작성해둔 코드 블록을 아래의 그림과 같이 복사하여 블록 아래에 연결합니다.

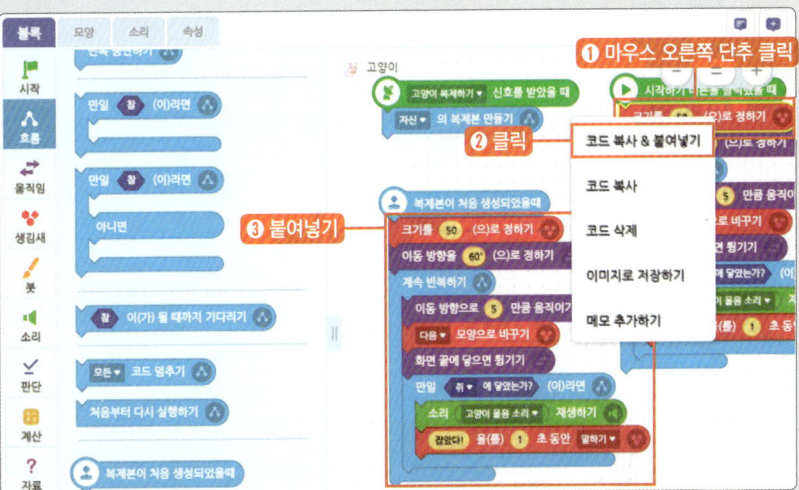

❹ 블록 아래의 블록 안에 [계산] 블록 꾸러미의 블록을 추가합니다. 이어서, 숫자의 범위를 '30'에서 '60'으로 입력해 줍니다.

CHAPTER 06 많아지는 고양이

03 ▶ 한 번만 복제하기

❶ '들판' 오브젝트를 선택합니다. [속성] 탭에서 '변수' 항목의 `변수 추가하기` 를 클릭하고 '이 오브젝트에서 사용'을 선택한 후 '고양이복제?' 변수를 추가합니다.

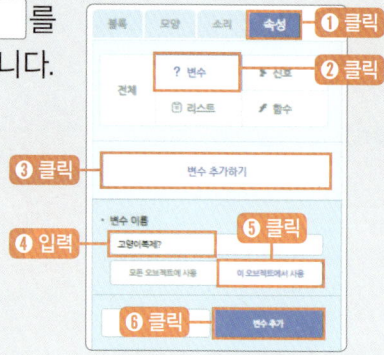

❷ `초시계 시작하기` 블록 아래에 `를 10 (으)로 정하기` 블록을 추가하고 변수값을 '고양이 복제?'로 조건값을 '기다리기'로 입력합니다.

❸ `만일 초시계값 / 10 의 나머지 > 4 (이)라면` 블록 안에 `만일 참 (이)라면` 블록을 추가하고 `10 = 10` 블록을 조건으로 설정한 후 왼쪽에는 `값` 블록을 오른쪽에는 '기다리기'라고 입력해 줍니다. 이어서, `신호 보내기`, `를 10 (으)로 정하기` 블록을 그림에 표시된 위치에 넣고 변수값과 조건값을 입력합니다.

❹ `만일 참 (이)라면` 블록을 그림에 표시된 위치에 추가하고 `10 < 10` 블록을 꺼내어 조건으로 설정합니다. 이어서, `10 < 10` 블록 왼쪽에는 `초시계값 / 10 의 나머지` 블록을, 오른쪽에는 '1'을 입력하고 그림에 표시된 위치에 `를 10 (으)로 정하기` 블록을 넣은 후 변수값을 '고양이복제?'로 조건값을 '기다리기'로 설정합니다.

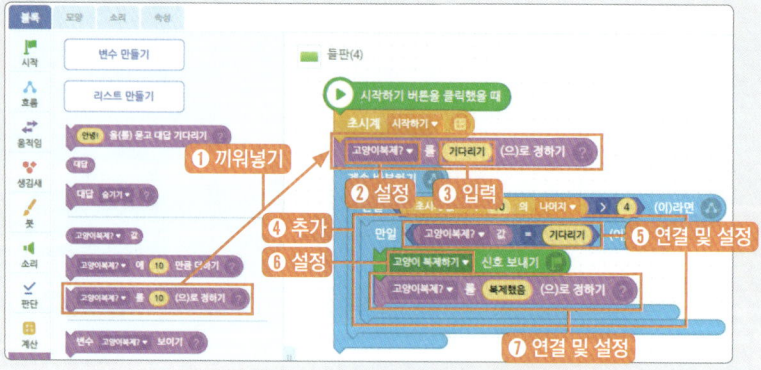

CHAPTER 06 문제해결능력 스스로 해결하기

■ 불러올 파일 : 많아지는 고양이.ent   ■ 완성된 파일 : 복제되는 고양이.ent

01 내 맘대로 상상하고 해결하기

미리보기 : 복제되는 고양이.mp4

● 복제된 고양이가 더욱 다양한 각도로 돌아다닐 수 있도록 고양이 블록의 이동 방향 범위를 바꿔 보세요.

[고양이 오브젝트]

● 고양이가 더욱 자주 복제되거나 더욱 천천히 복제될 수 있도록 들판 오브젝트의 블록에서 아래의 그림에 표시된 숫자들을 바꿔 보세요.

[들판 오브젝트]

빨라지는 고양이

■ 불러올 파일 : 많아지는 고양이.ent   ■ 완성된 파일 : 빨라지는 고양이.ent

이런걸 배워요!

- 시간을 이용하여 주기적으로 동작하는 코드를 만들 수 있습니다.
- 변수를 이용하여 오브젝트의 이동 속도를 조절할 수 있습니다.

▲ 미리보기 : 빨라지는 고양이.mp4

컴퓨터 사고력은 순서도 부터!

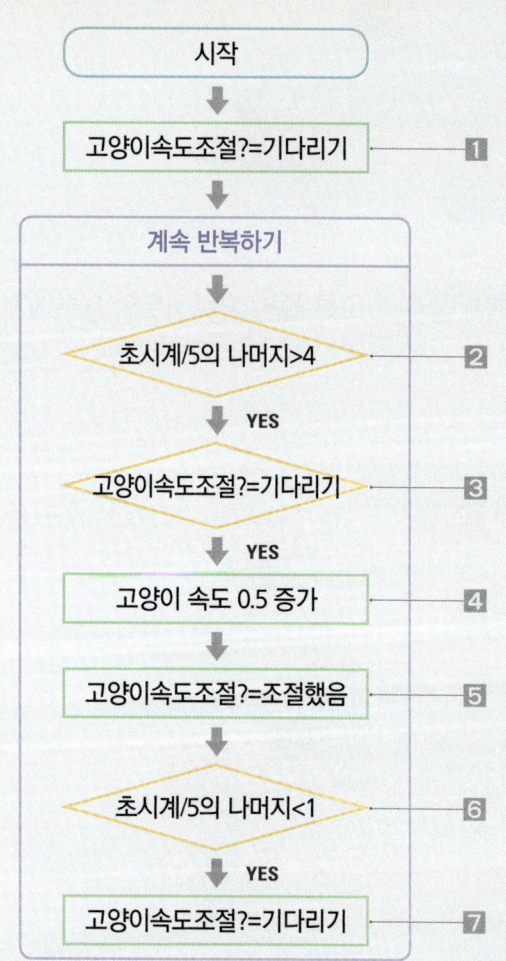

[들판 오브젝트]

1. '고양이속도조절' 변수를 '기다리기' 상태로 설정합니다.

― 계속 반복하기 ―

2. 초시계의 시간을 5로 나눈 나머지 값이 4 이상이 될 때 아래의 코드가 작동합니다.
3. '고양이속도조절' 변수의 값이 '기다리기' 일 때 아래의 코드가 작동합니다.
4. 고양이 속도 0.5 증가 신호를 보냅니다.
5. 5초에 한 번만 코드가 동작할 수 있도록 '고양이속도조절' 변수를 '조절했음'으로 설정합니다.
6. 초시계의 시간을 5로 나눈 나머지 값이 1보다 작아질 때 아래의 코드가 작동합니다.
7. '고양이속도조절' 변수를 '기다리기' 상태로 되돌립니다.

01 고양이 속도 변수 추가하기

❶ '고양이' 오브젝트를 선택하고 [속성] 탭의 '변수' 항목에서 '고양이 : 속도' 변수를 추가합니다. 이때, 생성된 변수를 모든 오브젝트에서 사용이 가능하도록 설정해 줍니다.

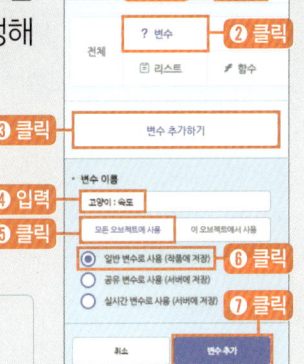

TIP 추가된 변수의 👁 단추를 눌러 변수를 게임 화면에서 숨겨줍니다.

❷ `[ ▼를 10 (으)로 정하기 ]` 블록을 꺼내어 `[계속 반복하기]` 블록 위에 추가하고 변수를 '고양이 : 속도'로 설정하고 그 값을 '5'로 설정해 줍니다.

❸ `[ 값 ]` 블록을 꺼내어 `[이동 방향으로 5 만큼 움직이기]` 블록의 값에 넣어주고 변수값을 '고양이 : 속도'로 설정 합니다.

CHAPTER 07 빨라지는 고양이 **043**

02 고양이 복제하기

① '들판' 오브젝트를 선택하고  블록을 새로 꺼냅니다. 이어서, 블록과 블록을 꺼내어 그 아래에 연결합니다.

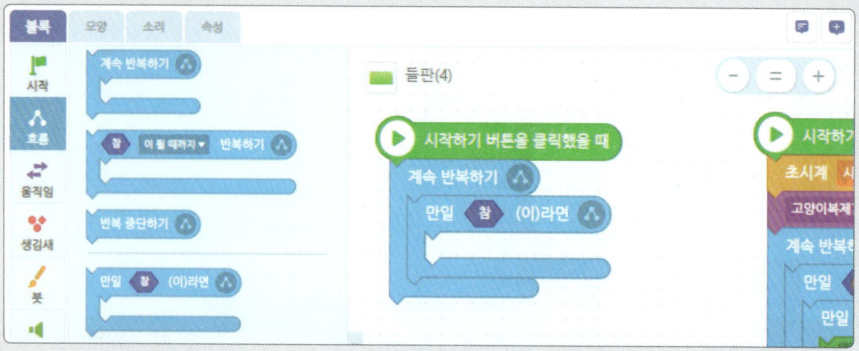

② 블록의 조건에 `10 > 10` 블록을 꺼내어 넣어주고 `10 > 10` 블록의 왼쪽에는 `10 / 10 의` 블록을, 오른쪽에는 숫자 '4'를 입력한 후 '몫'을 '나머지'로 바꿔 줍니다. 이어서, `10 / 10 의 나머지` 블록의 왼쪽에는 `초시계 값` 블록을, 오른쪽에는 숫자 '5'를 입력해 줍니다.

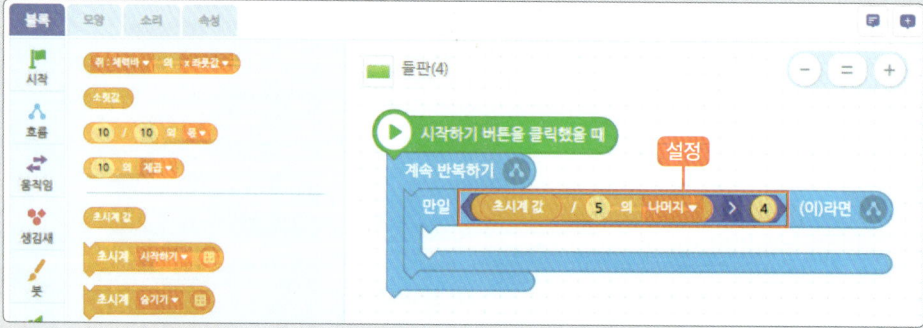

③ [자료] 블록 꾸러미에서 `에 10 만큼 더하기` 블록을 꺼내어 그림에 표시된 위치에 연결합니다. 그리고 '고양이 : 속도'를 변수로 선택하고 오른쪽 조건의 값을 '0.5'로 설정해 줍니다.

TIP
4초가 지나는 순간 고양이들의 속도가 엄청나게 빨라집니다. 어떻게 된 일 일까요?

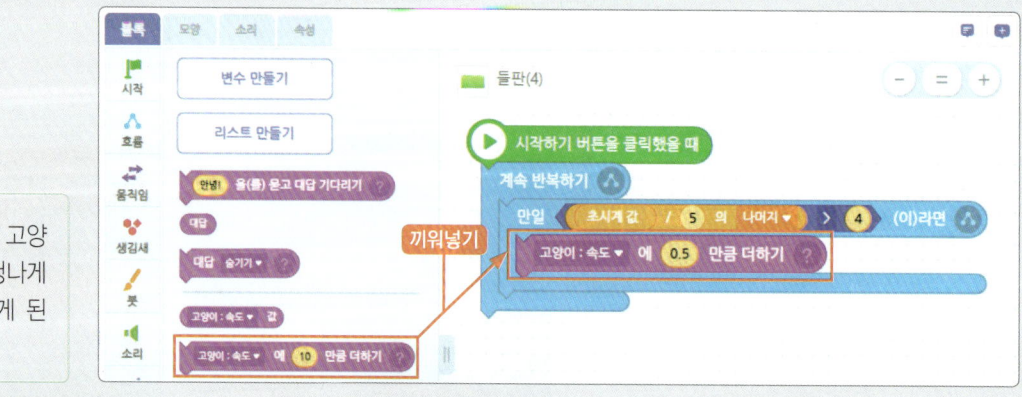

④ 5초에 한번만 고양이의 속도를 조절하기 위해 필요한 변수를 추가합니다. [이 오브젝트에서 사용]을 선택하고 '고양이속도조절?'로 변수의 이름을 설정합니다.

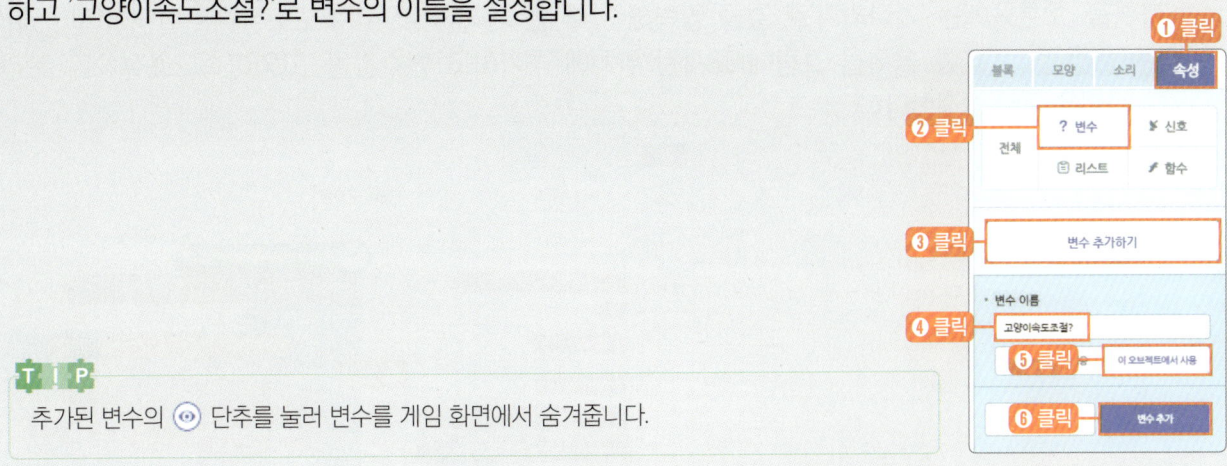

> **TIP**
> 추가된 변수의 ⊙ 단추를 눌러 변수를 게임 화면에서 숨겨줍니다.

⑤ `를 10 (으)로 정하기` 블록을 꺼내 `계속 반복하기` 위에 추가하고 꺼낸 블록의 변수값을 '고양이속도조절?', 조건값을 '기다리기'로 입력해 줍니다.

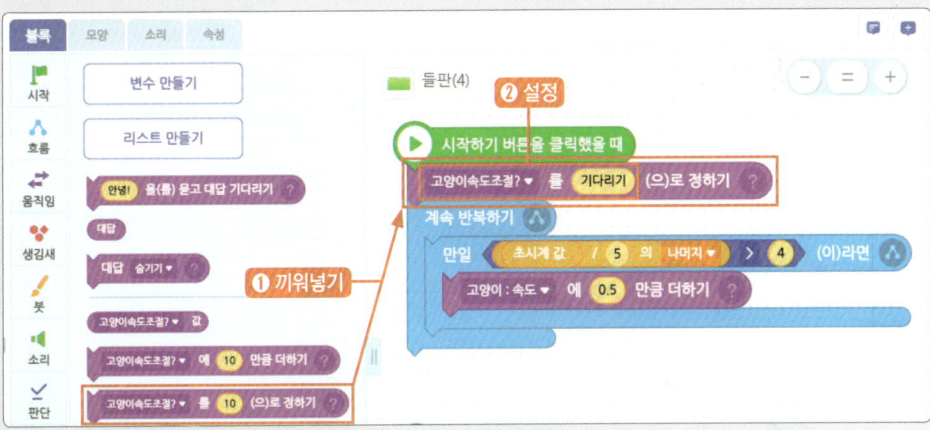

⑥ `만일 초시계값 / 5 의 나머지 > 4 (이)라면` 블록의 안쪽에 `만일 참 (이)라면` 블록을 새로 추가하고 `고양이 : 속도 에 0.5 만큼 더하기` 블록을 그 안쪽으로 연결시켜 줍니다.

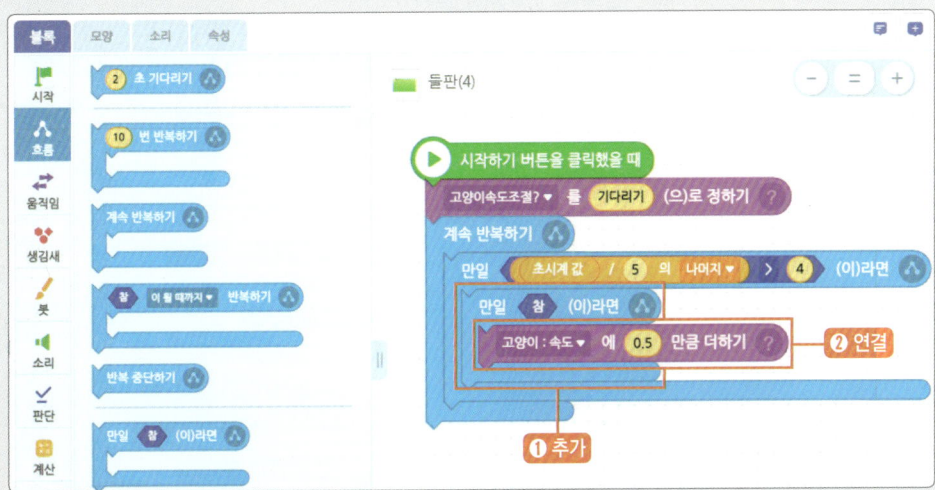

CHAPTER 07 빨라지는 고양이 **045**

❼ `10 = 10` 블록을 가장 안쪽에 있는 `만일 참 (이)라면` 블록의 조건에 추가하고 왼쪽에는 `값` 블록을, 오른쪽에는 '기다리기'로 값을 입력해준 후 변수값을 '고양이속도조절?'로 설정합니다. 이어서, `를 10 (으)로 정하기` 블록을 그림에 표시된 위치에 추가하고 변수값을 '고양이속도조절?'로, 조건값을 '조절했음'으로 설정합니다.

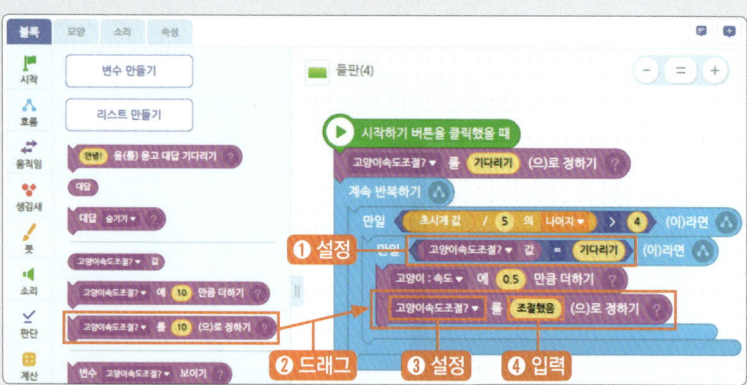

❽ `계속 반복하기` 블록의 안쪽 아래에 `만일 참 (이)라면` 블록을 그림과 같이 하나 더 추가합니다. 이어서, `10 < 10` 블록을 꺼내어 조건에 넣고 왼쪽의 값을 `초시계 값 / 5 의 나머지`로, 오른쪽의 값을 '1'로 설정해줍니다.

❾ `를 10 (으)로 정하기` 블록을 꺼내어 `만일 초시계 값 / 5 의 나머지 < 1 (이)라면` 안에 추가하고 왼쪽의 변수를 '고양이속도조절?'로 설정한 후 조건 값을 '기다리기'로 설정해 줍니다.

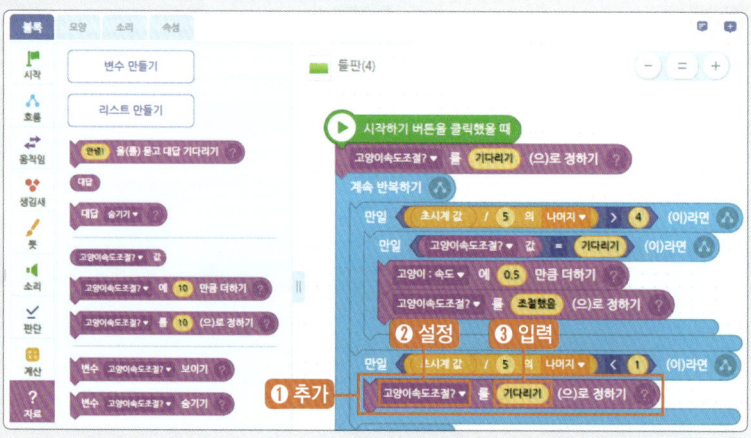

CHAPTER 07 스스로 해결하기

■ 불러올 파일 : 빨라지는 고양이.ent   ■ 완성된 파일 : 게임 난이도 조절하기-3.ent

01 내 맘대로 상상하고 해결하기

미리보기 : 게임 난이도 조절하기-3.mp4

● 고양이의 초기 속도와 들판 블록에서 조절하는 고양이 속도의 증가 값을 바꿔 게임의 난이도를 조절해 보세요. 직접 게임을 플레이하면서 적절한 속도를 설정해 봅니다.

[고양이 오브젝트]

- 시작하기 버튼을 클릭했을 때
- 크기를 50 (으)로 정하기
- 이동 방향을 60° (으)로 정하기
- 고양이 : 속도▼ 를 5 (으)로 정하기
- 계속 반복하기
  - 이동 방향으로 고양이 : 속도▼ 값 만큼 움직이기
  - 다음▼ 모양으로 바꾸기
  - 화면 끝에 닿으면 튕기기
  - 만일 쥐▼ 에 닿았는가? (이)라면
    - 소리 고양이 울음 소리▼ 재생하기
    - 잡았다! 을(를) 1 초 동안 말하기▼

[들판 오브젝트]

- 시작하기 버튼을 클릭했을 때
- 고양이속도조절?▼ 를 기다리기 (으)로 정하기
- 계속 반복하기
  - 만일 초시계 값 / 5 의 나머지▼ > 4 (이)라면
    - 만일 고양이속도조절?▼ 값 = 기다리기 (이)라면
      - 고양이 : 속도▼ 에 0.5 만큼 더하기
      - 고양이속도조절?▼ 를 조절했음 (으)로 정하기
  - 만일 초시계 값 / 5 의 나머지▼ < 1 (이)라면
    - 고양이속도조절?▼ 를 기다리기 (으)로 정하기

● 아래의 그림에 표시된 값을 바꿔 고양이의 속도를 조절하는 주기를 바꿔 보세요. 위에서 바꿔준 고양이의 속도 증가 값과 속도 조절 주기를 바꿔가며 적절한 게임의 난이도를 찾아봅니다.

[들판 오브젝트]

- 시작하기 버튼을 클릭했을 때
- 고양이속도조절?▼ 를 기다리기 (으)로 정하기
- 계속 반복하기
  - 만일 초시계 값 / 5 의 나머지▼ > 4 (이)라면
    - 만일 고양이속도조절?▼ 값 = 기다리기 (이)라면
      - 고양이 : 속도▼ 에 0.5 만큼 더하기
      - 고양이속도조절?▼ 를 조절했음 (으)로 정하기
  - 만일 초시계 값 / 5 의 나머지▼ < 1 (이)라면
    - 고양이속도조절?▼ 를 기다리기 (으)로 정하기

아이템 만들기 - 1

■ 불러올 파일 : 빨라지는 고양이.ent   ■ 완성된 파일 : 아이템 만들기-1.ent

이런 걸 배워요!

- 신호를 이용하여 새로운 오브젝트를 동작시킬 수 있습니다.
- 숨겨진 오브젝트를 다시 보이게 만들 수 있습니다.

▲ 미리보기 : 아이템 만들기-1.mp4

컴퓨터 나고려운 눈서도로 부터!

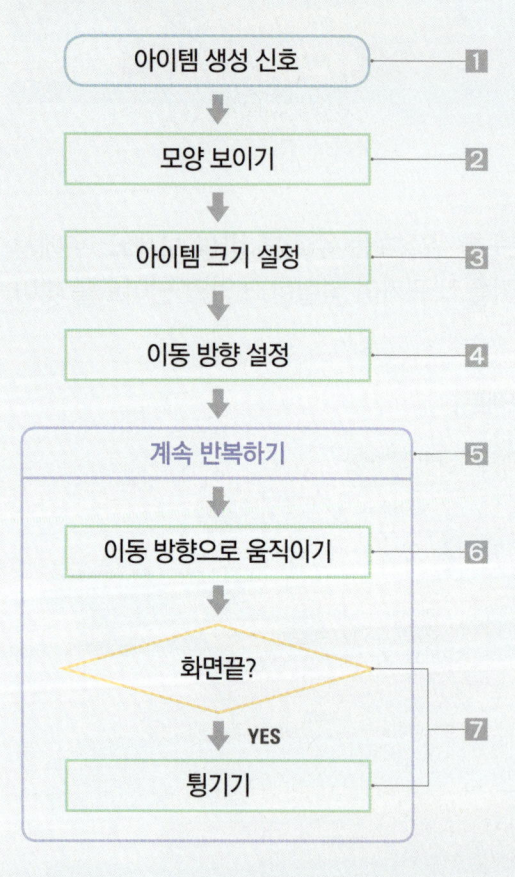

[치즈 오브젝트]

1. 아이템 생성 신호를 받았을 때 코드가 동작합니다.
2. 숨겨진 아이템이 보이도록 설정을 바꿔줍니다.
3. 생성된 아이템의 크기를 설정합니다.
4. 아이템의 이동 방향을 설정합니다.

계속 반복하기

5. 아래의 코드를 계속 반복합니다.
6. 이동 방향으로 아이템을 움직입니다.
7. 화면 끝에 닿으면 튕겨 나옵니다.

01 아이템 생성 신호 보내기

❶ '들판' 오브젝트를 선택하고 '고양이복제'에 사용했던 코드를 복사하여 아래의 그림과 같이 붙여 넣습니다.

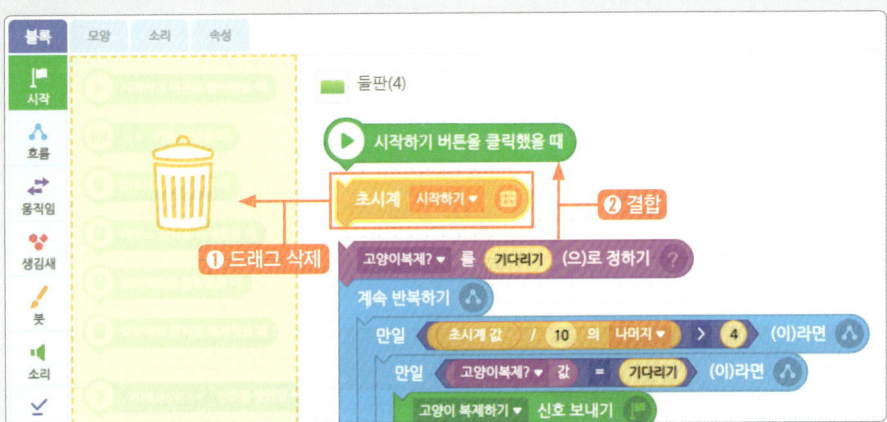

❷ 복사한 블록에서 [초시계 시작하기] 블록을 아래의 그림처럼 분리하여 휴지통에 넣어 삭제하고 분리한 블록들을 다시 붙입니다.

❸ [속성] 탭의 '신호' 항목에서 '신호 추가하기'를 눌러 '아이템 생성하기' 신호를 추가합니다.

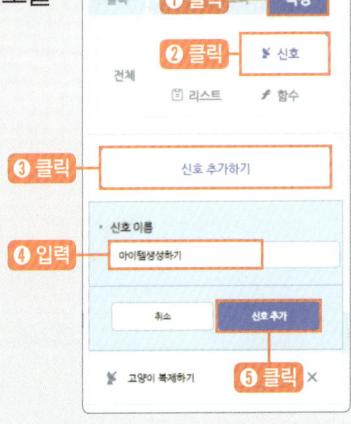

CHAPTER 08 아이템 만들기-1

❹ [속성]탭의 '변수'항목에서 변수 추가하기 를 누르고 [이 오브젝트에서 사용] 옵션을 선택한 뒤 '아이템생성?' 변수를 추가합니다.

> **TIP**
> 추가된 변수의 ⊙ 단추를 눌러 변수를 게임화면에서 숨겨줍니다.

❺ 복사한 블록들의 변수 '고양이복제?'를 '아이템생성?'으로 모두 바꿔줍니다. 그리고 그림에 표시된 위치의 '복제했음' 값을 '생성했음'으로 변경해 줍니다.

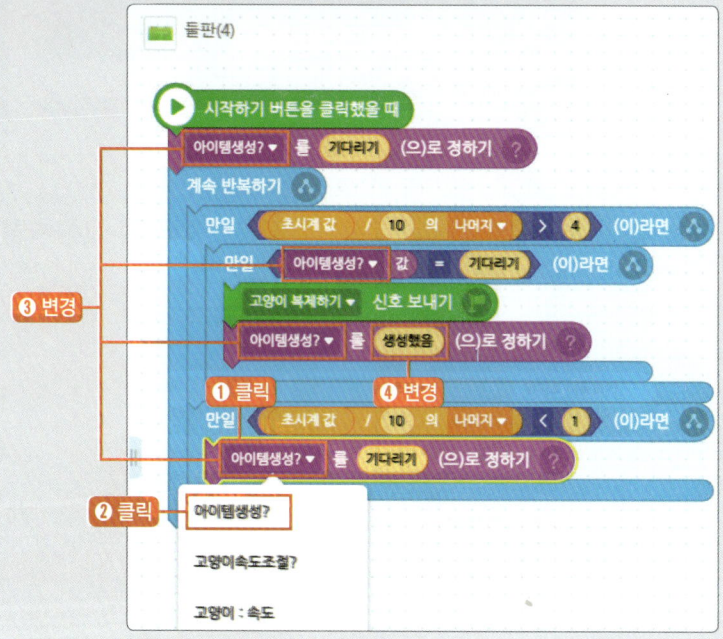

❻ 복사한 블록의 [고양이 복제하기 신호 보내기] 블록의 조건을 '아이템생성하기'로 바꿔줍니다.

❼ '아이템생성하기' 신호를 받고 생성될 오브젝트를 추가하여 줍시다. `+ 오브젝트 추가하기` 단추를 누르고 [음식] 탭에서 '치즈'를 선택하고 추가합니다.

> TIP
> 검색을 하면 더 빠르게 찾을 수 있습니다.

❽ 추가된 '치즈' 오브젝트는 신호를 받기 전에는 화면에서 보이지 않아야 합니다. 따라서 '치즈' 오브젝트의 👁 아이콘을 눌러 오브젝트를 숨겨줍니다. 이어서, 치즈가 움직일 때 뒤집히지 않도록 회전방식을 '좌우회전(↔)'으로 바꿔 줍니다.

❾ 치즈의 코드를 동작시킬 수 있도록 [시작] 블록 꾸러미에서 `신호를 받았을 때` 블록을 추가하고 신호값을 '아이템생성하기'로 설정합니다.

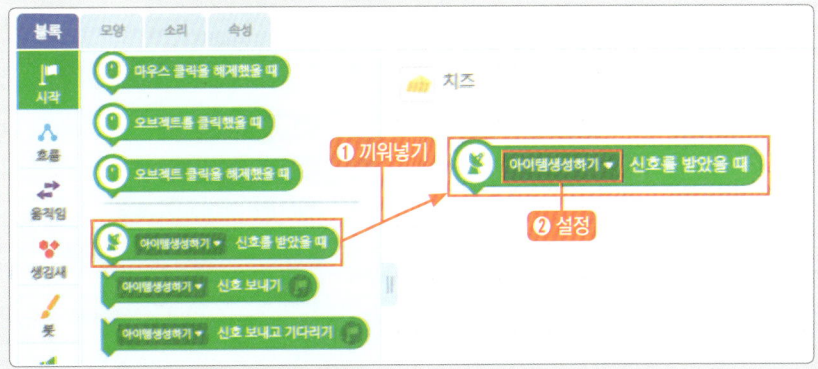

⑩ `모양 보이기` 블록과 `크기를 100 (으)로 정하기` 블록을 추가하고 원하는 크기로 값을 설정합니다. (교재에서는 크기를 '30'으로 설정하였습니다)

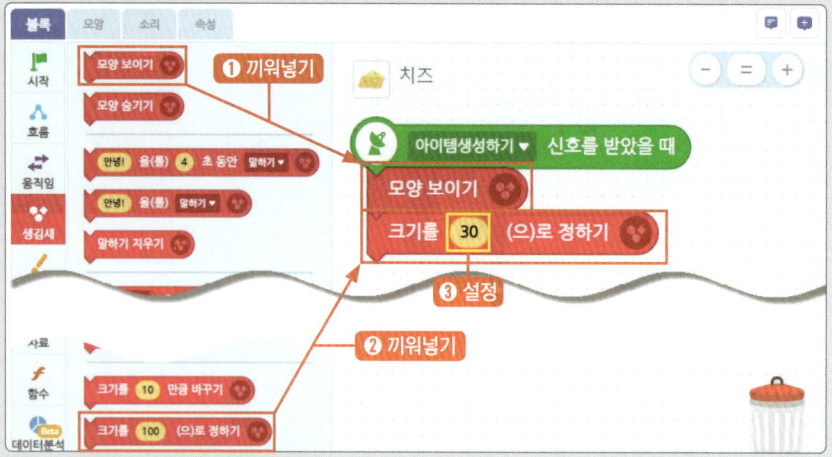

⑪ `이동 방향을 90° (으)로 정하기` 블록을 추가하고 `0 부터 10 사이의 무작위 수` 블록을 꺼내어 `이동 방향을 90° (으)로 정하기`의 조건 값으로 설정한 후 무작위 수의 범위를 '30'에서 '60'으로 설정합니다.

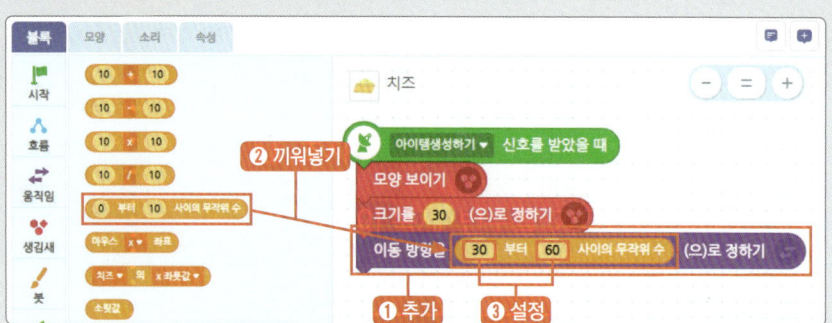

⑫ `계속 반복하기` 블록을 꺼내 아래에 추가하고 `이동 방향으로 10 만큼 움직이기` 블록과 `화면 끝에 닿으면 튕기기` 블록을 블록 안에 추가한 후 `이동 방향으로 10 만큼 움직이기`의 조건 값을 '3'으로 설정합니다.

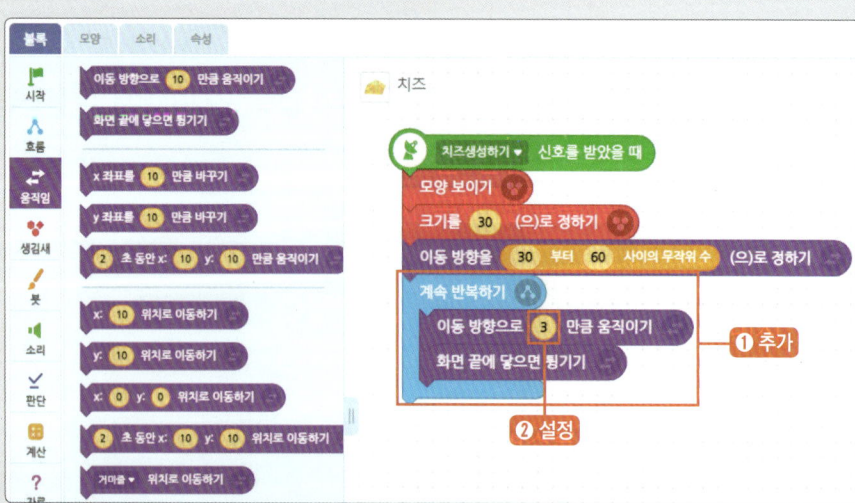

CHAPTER 08  문제해결능력 스스로 해결하기

■ 불러올 파일 : 아이템 만들기-1.ent   ■ 완성된 파일 : 치즈 개수 조절하기.ent

01 내 맘대로 상상하고 해결하기

미리보기 : 치즈 개수 조절하기.mp4

● 치즈가 생성될 때 여러 개의 치즈가 생성될 수 있도록 코드를 추가해 봅시다.

> **TIP**
> 'CHAPTER 06. 많아지는 고양이'에서 배운 [복제하기] 블록을 이용해 보세요!

● 치즈 블록의 값들을 바꿔가며 자신의 게임에 적절한 최적값을 찾아봅시다. 치즈의 크기와 이동 방향의 범위, 이동 속도 등을 조절하여 봅시다.

[치즈 오브젝트]

CHAPTER 09 아이템 만들기 - 2 - 체력회복

■ 불러올 파일 : 아이템 만들기-1.ent   ■ 완성된 파일 : 아이템 만들기-2.ent

이런걸 배워요!

● 신호를 이용하여 새로운 오브젝트를 동작시킬 수 있습니다.
● 숨겨진 오브젝트를 다시 보이게 만들 수 있습니다.

▲ 미리보기 : 아이템 만들기-2.mp4

컴퓨터 사고력은 순서도로 부터!

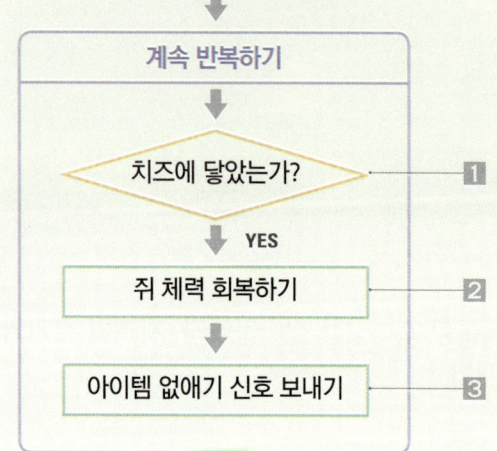

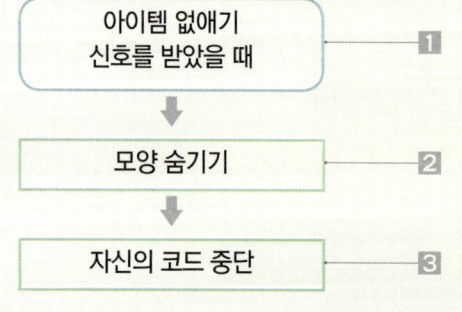

[쥐 오브젝트]

— 계속 반복하기 —

① 치즈에 닿았을 때 아래의 코드가 동작합니다.
② 쥐의 체력을 회복합니다.
③ 아이템 없애기 신호를 보냅니다.

[치즈 오브젝트]

① 아이템 없애기 신호를 받았을 때 코드가 동작합니다.
② 오브젝트의 모양을 숨깁니다.
③ 자신의 코드를 멈춥니다.

054 엔트리로 만드는 프로젝트 게임

01 쥐의 체력 회복하기

❶ '쥐' 오브젝트를 선택하고  블록을 추가합니다.

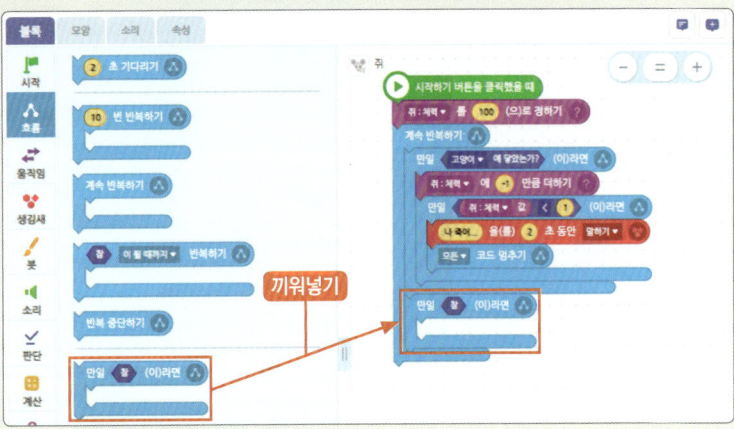

❷  블록을 꺼내어 위에서 추가한 블록의 조건에 넣어 줍니다. 이어서, 충돌을 감지할 대상을 '치즈'로 설정합니다.

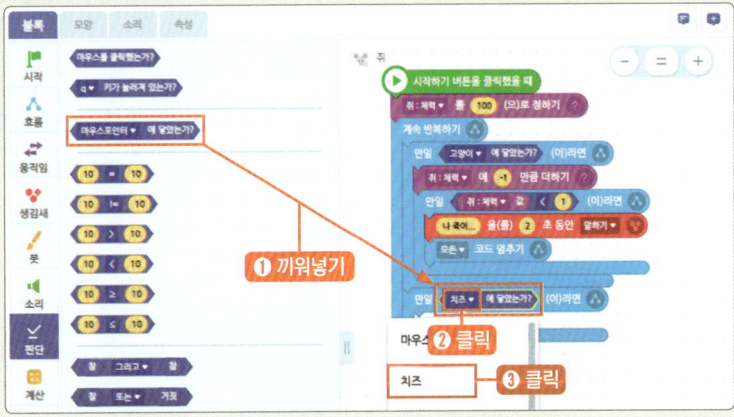

❸ [자료] 블록 꾸러미에서  블록을 꺼내 블록 안에 넣어줍니다. 이어서, 변수값을 '쥐 : 체력'으로 설정해 줍니다.

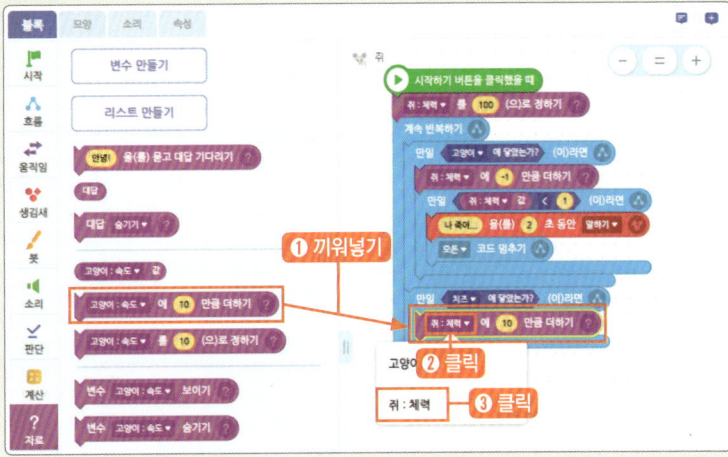

④ [속성] 탭을 누르고 '아이템 없애기' 신호를 추가합니다.

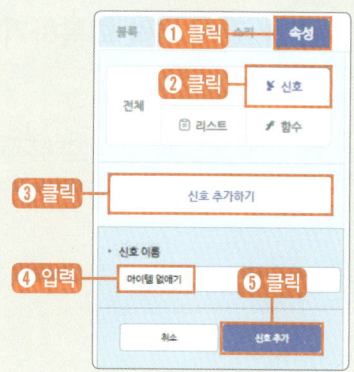

⑤ ![신호 보내기] 블록을 ![쥐:체력▼ 에 10 만큼 더하기] 블록 아래에 연결한 뒤 신호의 조건 값을 앞서 추가한 '아이템 없애기'로 설정해 줍니다.

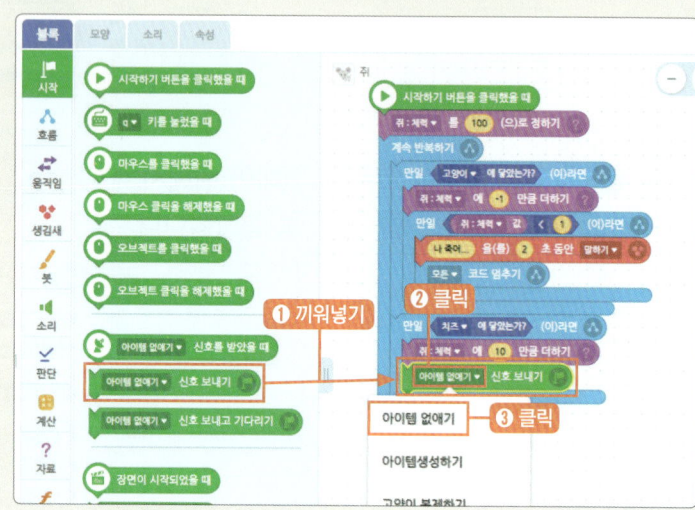

02 ▶ 아이템 없애는 코드 만들기

① '치즈' 오브젝트를 선택하고 ![신호를 받았을 때] 블록을 추가한 후 신호값을 '아이템 없애기'로 설정합니다. 이어서, ![모양 숨기기] 블록을 꺼내어 그 아래에 연결합니다.

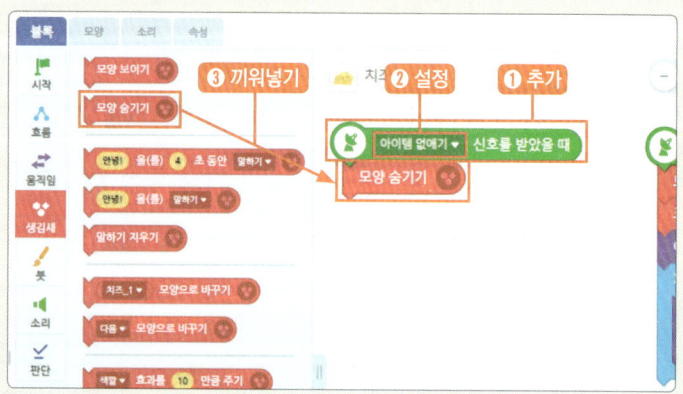

056 엔트리로 만드는 프로젝트 게임

❷ [모든▼ 코드 멈추기] 블록을 꺼내 아래에 연결합니다. 그리고 조건 값을 '자신의'로 설정합니다.

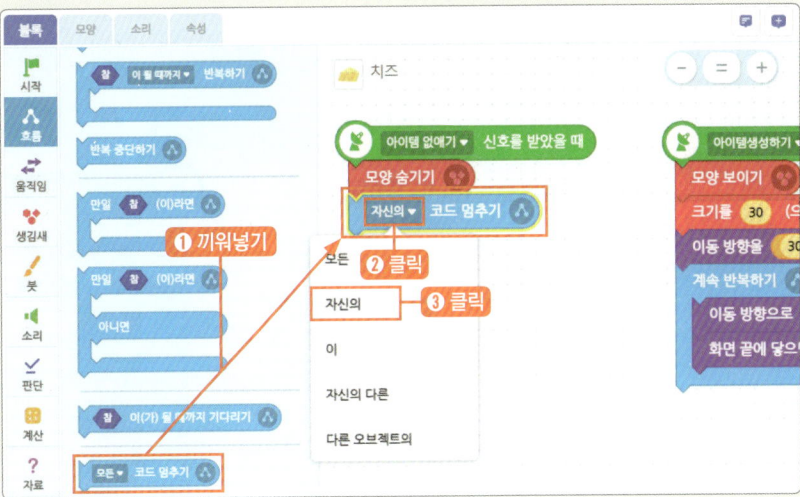

03 시간이 지나면 치즈를 없애주기

❶ '들판' 오브젝트를 선택하고 아이템 생성에 사용한 코드 블록 전체를 복사하여 왼쪽에 붙여 넣습니다.

❷ [속성] 탭에서 '아이템삭제?' 변수를 [이 오브젝트에서 사용] 옵션으로 선택하고 추가합니다.

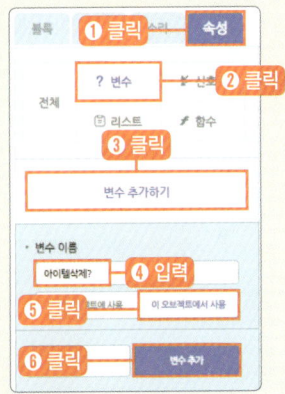

TIP 추가된 변수의 👁 단추를 눌러 변수를 게임 화면에서 숨겨줍니다.

❸ 복사한 코드 블록의 '아이템 생성?' 변수를 '아이템 삭제?' 변수로 모두 바꿔줍니다.

❹ 그림에 표시된 위치의 값을 그림과 같이 변경하고 '생성했음' 부분을 '삭제했음'으로 바꿔줍니다.

❺ '아이템 생성하기' 신호를 '아이템 없애기' 신호로 바꿔줍니다.

CHAPTER 09 문제해결능력 스스로 해결하기

■ 불러올 파일 : 아이템 만들기-2.ent   ■ 완성된 파일 : 없음

01 내 맘대로 상상하고 해결하기

● 아래의 그림처럼 쥐가 치즈를 먹었을 때 대사를 추가해 봅니다.

● 현재의 쥐는 치즈를 먹으면 체력이 계속 늘어납니다.

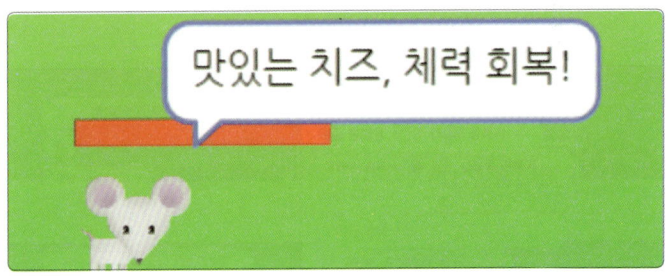

● 쥐의 체력이 가득 차 있을 때는 체력이 늘지 않도록 코드를 추가해 보세요.

TIP
그림의 코드를 이용하여 기존 코드를 수정해 봅니다.

※ CHAPTER 09 스스로 해결하기는 CHAPTER 10으로 이어집니다.

CHAPTER 10 - 아이템 만들기 - 3 - 고양이들아 느려져라

■ 불러올 파일 : 아이템 만들기-2.ent   ■ 완성된 파일 : 아이템 만들기-3.ent

이런걸 배워요!

- 난수를 이용하여 아이템 생성 종류를 결정할 수 있습니다.
- 여러 가지 아이템을 무작위로 생성할 수 있습니다.

▲ 미리보기 : 아이템 만들기-3.mp4

컴퓨터 사고력은 순서도로 부터!

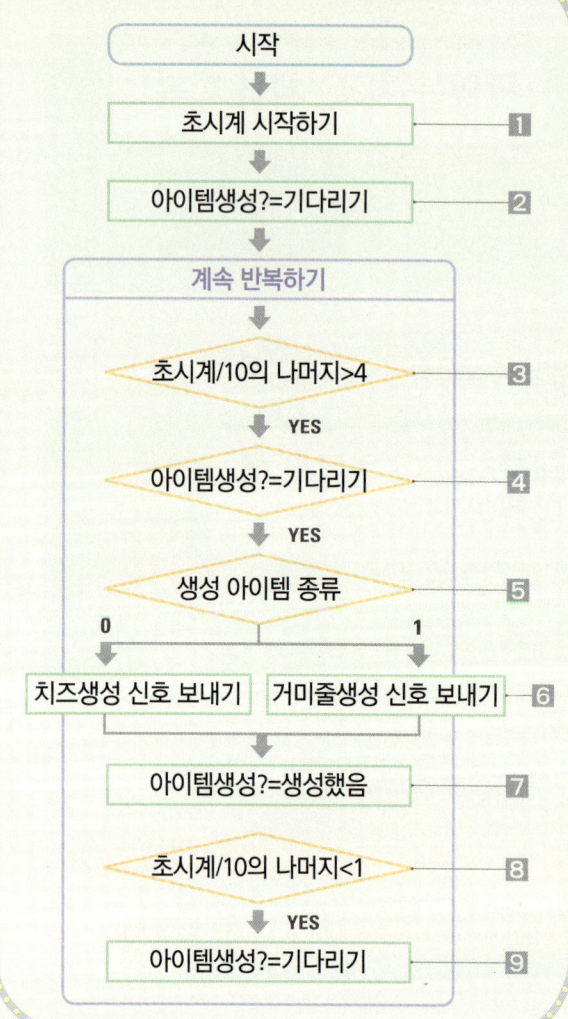

[들판 오브젝트]

1. 초시계를 동작시킵니다.
2. '아이템생성' 변수를 '기다리기' 상태로 설정합니다.

── 계속 반복하기 ──

3. 초시계의 시간을 10로 나눈 나머지 값이 4 이상이 될 때 아래의 코드가 작동합니다.
4. '아이템생성' 변수의 값이 '기다리기' 일 때 아래의 코드가 작동합니다.
5. 0에서 1사이의 수 중 무작위 수를 선정하여 생성 아이템 종류를 결정합니다.
6. 아이템 종류가 0이면 치즈를, 1이면 거미줄 생성 신호를 보냅니다.
7. '아이템생성' 변수의 값을 '생성했음'으로 바꿉니다.
8. 초시계의 시간을 10로 나눈 나머지 값이 1보다 작아질 때 아래의 코드가 작동합니다.
9. '아이템생성' 변수를 '기다리기' 상태로 되돌립니다.

01 생성 아이템 종류 추가하기

❶ '들판' 오브젝트를 선택하고 [속성] 탭의 '변수' 항목에서 [이 오브젝트에서 사용] 옵션을 선택한 뒤 '생성아이템종류' 변수를 추가합니다.

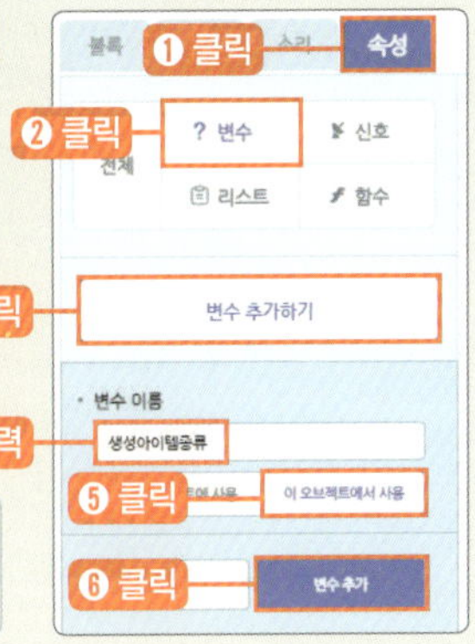

> **TIP**
> 추가된 변수의 👁 단추를 눌러 변수를 게임 화면에서 숨겨줍니다.

❷ `를 10 (으)로 정하기` 블록을 그림에 표시된 위치에 추가합니다. 그리고 변수를 '생성아이템종류'로 설정합니다.

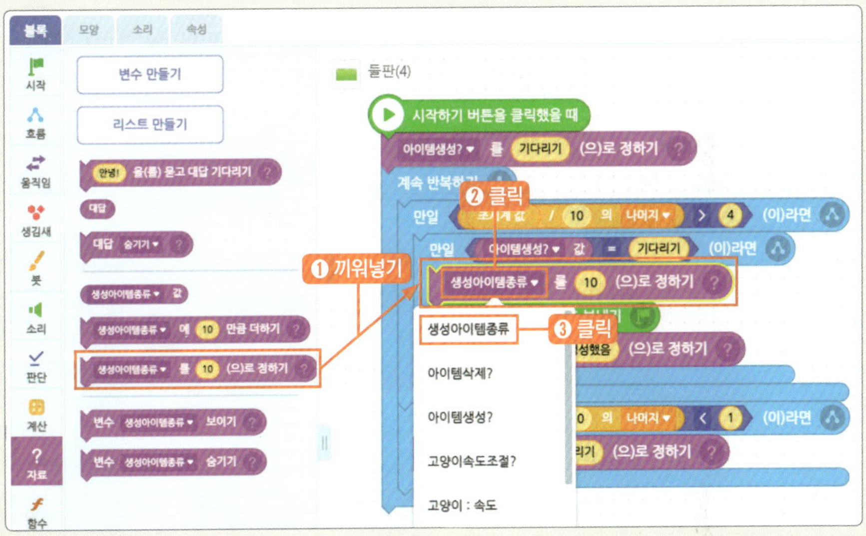

❸ `0 부터 10 사이의 무작위 수` 블록을 꺼내 `를 10 (으)로 정하기` 블록의 조건 값으로 설정해 주고 조건 값을 그림과 같이 '0 부터 1'로 설정합니다.

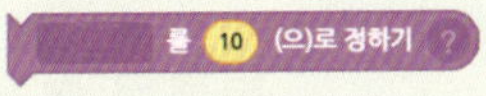

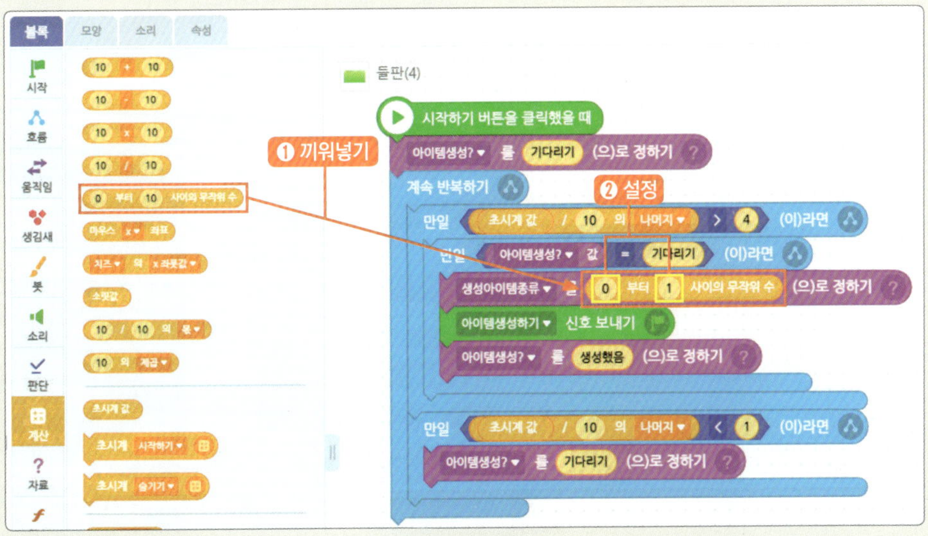

CHAPTER 10 아이템 만들기 -3- 고양이들아 느려져라

④ 만일 참 (이)라면 블록을 꺼내 생성아이템종류▼ 를 0 부터 1 사이의 무작위 수 (으)로 정하기 블록 아래에 추가합니다. 이어서, 판단 블록에서 10 = 10 블록을 꺼내 방금 추가한 만일 참 (이)라면 블록의 조건에 연결합니다.

⑤ 값 블록을 꺼내 10 = 10 블록의 왼쪽에 넣고 변수값을 '생성아이템종류'로 설정한 후 오른쪽의 값을 '0'으로 설정합니다.

⑥ 조금 전 추가한 만일 아이템생성종류▼ 값 = 0 (이)라면 블록을 복사해서 바로 아래에 추가하고 생성아이템종류▼ 값 = 0 블록의 오른쪽 값을 '1'로 바꿔줍니다.

❼ 방금 추가한 블록 아래쪽에 남아있는 `아이템생성하기 신호 보내기` 블록과 `아이템생성? 를 생성했음 (으)로 정하기` 블록을 `만일 아이템생성종류 값 = 0 (이)라면` 블록 안쪽으로 이동시킵니다.

❽ 위에서 옮긴 블록을 복사하여 `만일 아이템생성종류 값 = 1 (이)라면` 블록 안에 넣어줍니다.

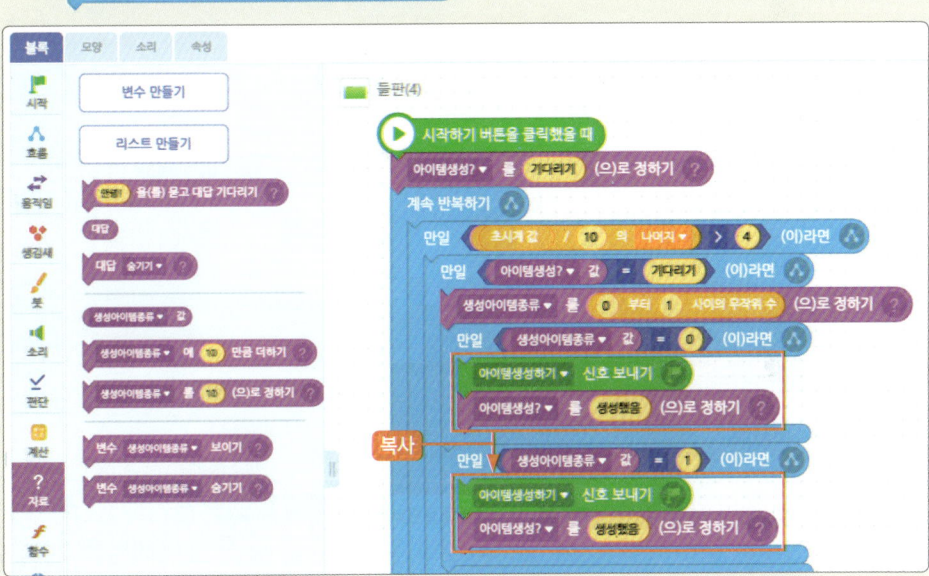

❾ 그리고 [속성] 탭에서 기존에 만들어둔 '아이템 생성하기' 신호의 이름을 '치즈 생성하기'로 바꿔줍니다.

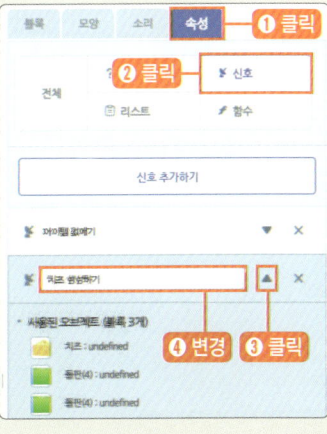

CHAPTER 10 아이템 만들기 -3- 고양이들아 느려져라 063

⑩ [속성] 탭의 '신호' 항목에서 '거미줄 생성하기' 신호를 추가하고 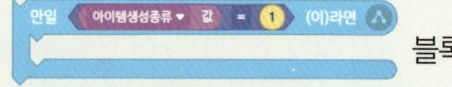 블록 안에 있는 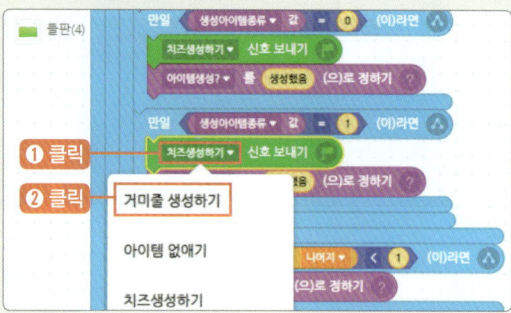 블록의 신호 값을 '거미줄 생성하기'로 바꿔줍니다.

02 거미줄 아이템 추가하기

① ＋오브젝트 추가하기 단추를 눌러 [환경] 탭에서 '거미줄' 오브젝트를 새롭게 추가합니다. 그리고 '치즈' 오브젝트를 선택하고 모든 코드를 복사하여 새롭게 생성된 '거미줄' 오브젝트에 복사한 코드를 붙여 넣습니다.

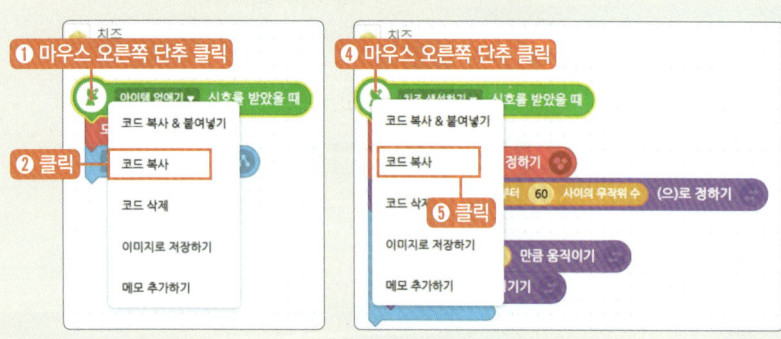

② '거미줄' 오브젝트의 복사한 코드에서 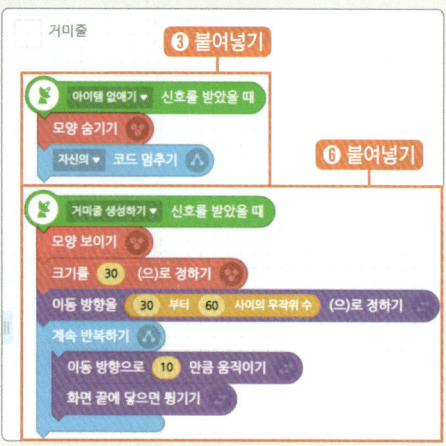 블록의 신호 부분을 '거미줄 생성하기' 신호로 바꿔줍니다. 이어서, 거미줄 오브젝트의 👁 단추를 눌러 오브젝트를 게임 화면에서 숨겨줍니다.

문제해결능력 스스로 해결하기

📁 불러올 파일 : 아이템 만들기-3.ent   📁 완성된 파일 : 나만의 아이템 추가하기.ent

01 내 맘대로 상상하고 해결하기

미리보기 : 나만의 아이템 추가하기.mp4

● 거미줄과 치즈 이외에 자신만의 아이템을 추가해 봅니다. 자신만의 특별한 아이템을 상상하고 그에 알맞은 이미지를 선택해 새로운 아이템을 추가해 보세요.

TIP
아이템의 종류를 추가할 때는 해당 부분의 코드를 수정해야 합니다. '생성아이템종류' 변수의 범위를 [0 ~ '아이템 개수 - 1']로 지정해 주어야 합니다. 그리고 오늘 새로 작성한 코드를 응용하여 2번 아이템, 3번 아이템을 추가할 수 있습니다.

CHAPTER 11 - 아이템 만들기 - 4 - 고양이들아 느려져라(2)

📁 **불러올 파일** : 아이템 만들기-3.ent   📁 **완성된 파일** : 아이템 만들기-4.ent

이런걸 배워요!

- 변수를 이용하여 다른 오브젝트의 속도를 조절할 수 있습니다.
- 변수를 이용하여 복제되는 오브젝트의 수를 제한할 수 있습니다.

▲ 미리보기 : 아이템 만들기-4.mp4

컴퓨터 사고력은 순서도로 부터!

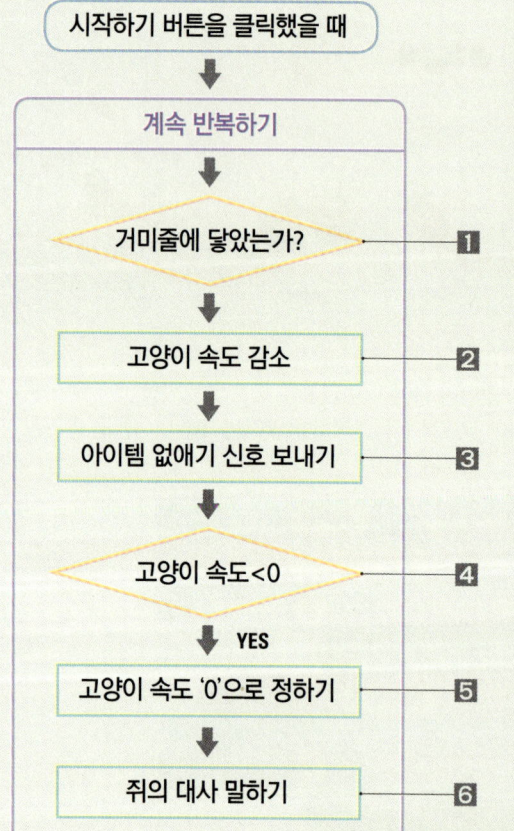

[쥐 오브젝트]

— 계속 반복하기 —

1️⃣ 거미줄에 닿으면 아래의 코드가 작동합니다.

2️⃣ 고양이의 속도를 감소시킵니다.

3️⃣ 아이템 없애기 신호를 보냅니다.

4️⃣ 고양이의 속도가 0보다 작으면 아래의 코드가 작동합니다.

5️⃣ 0보다 작아진 고양이의 속도를 0으로 정해줍니다.

6️⃣ 쥐의 대사를 말하게 만듭니다.

엔트리로 만드는 프로젝트 게임

01 고양이의 속도를 느리게 만들기

❶ 쥐 오브젝트를 선택하고 '쥐 : 체력' 코드 목록의 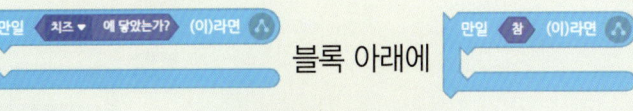 블록 아래에 블록을 추가합니다.

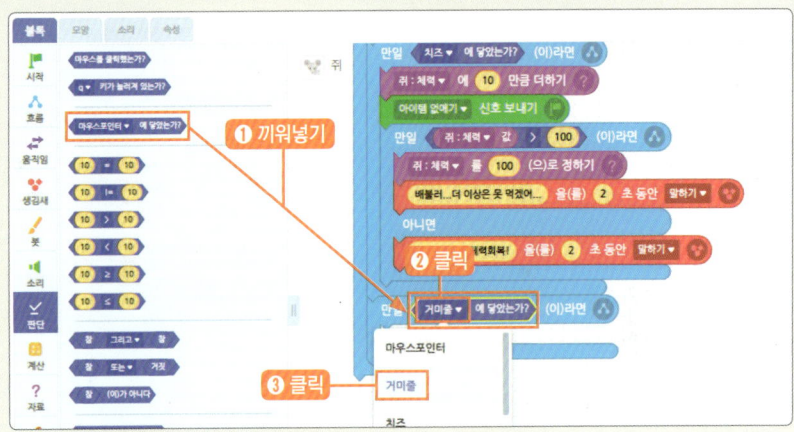

❷ `마우스포인터 ▼ 에 닿았는가?` 블록을 꺼내어 `만일 참 (이)라면` 블록의 조건으로 설정합니다. 그리고 닿을 오브젝트 조건 값을 '거미줄'로 설정해 줍니다.

❸ `에 10 만큼 더하기` 블록을 꺼내 `만일 거미줄 에 닿았는가? (이)라면` 블록 안에 추가합니다. 그리고 변수를 '고양이 : 속도'로 더해주는 값을 '-2'로 설정합니다.

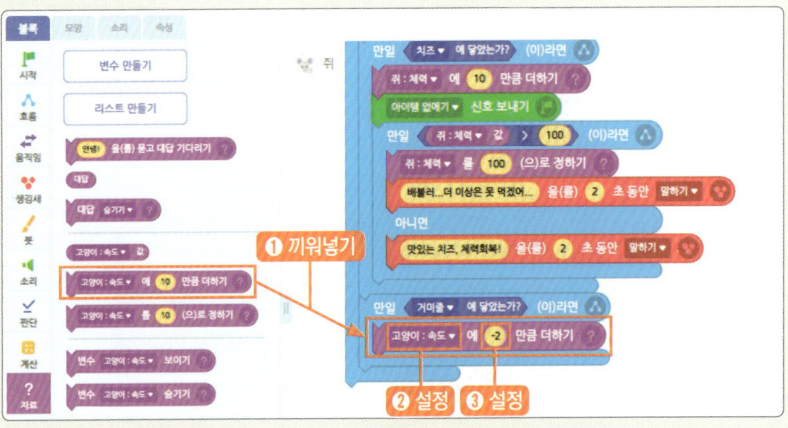

CHAPTER 11 아이템 만들기 -4- 고양이들아 느려져라 (2)

❹ 만일 참 (이)라면 블록을 꺼내 고양이:속도에 -2 만큼 더하기 블록 아래에 추가합니다.

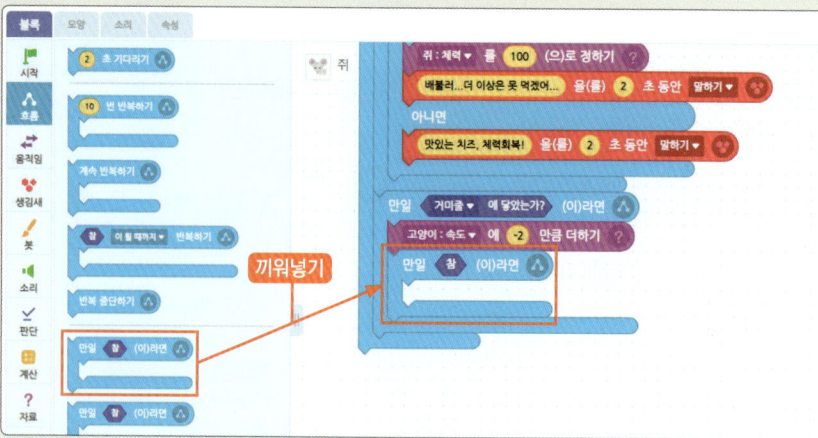

❺ 10 < 10 블록을 꺼내 만일 참 (이)라면 블록의 조건에 추가합니다. 그리고 왼쪽에는 값 블록을, 오른쪽에는 값 '0'을 넣어줍니다.

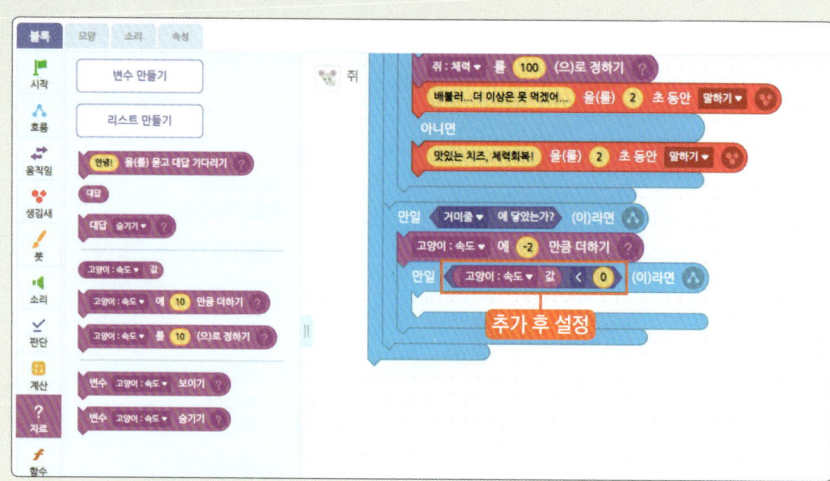

❻ 만일 고양이:속도 값 < 0 (이)라면 블록 안에 를 10 (으)로 정하기 블록을 추가하고 앞쪽의 변수를 '고양이: 속도'로, 뒤쪽의 값을 '0'으로 설정합니다.

TIP

만약 고양이의 속도가 0보다 작아지더라도 아무런 처리를 하지 않으면 어떻게 될까요? 고양이는 매번의 반복 동안 자신의 속도만큼 이동하게 됩니다. 만약 고양이의 속도가 거미줄 아이템으로 인해 0보다 작아지게 된다면 고양이는 멈추는 것이 아니라 뒷걸음치는 모습이 됩니다.

❼ [신호 보내기] 블록을 [고양이:속도▼ 에 -2 만큼 더하기] 블록 아래에 추가하고 '아이템 없애기' 신호를 설정합니다.

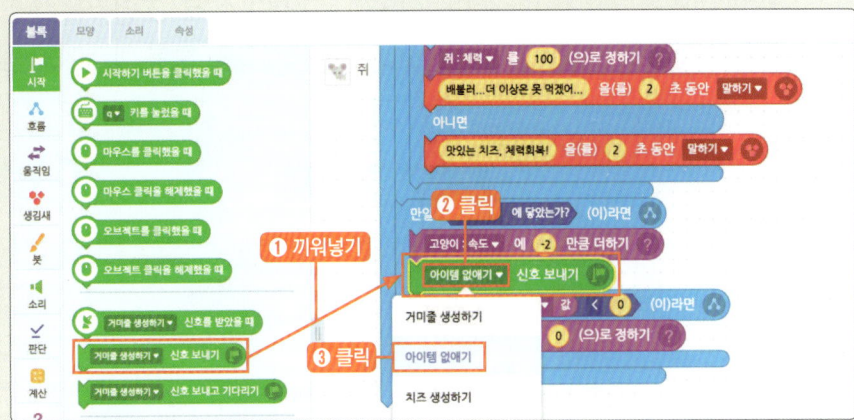

❽ [안녕! 을(를) 말하기▼] 블록을 그림에 표시된 위치에 추가하고 원하는 대사를 입력합니다.

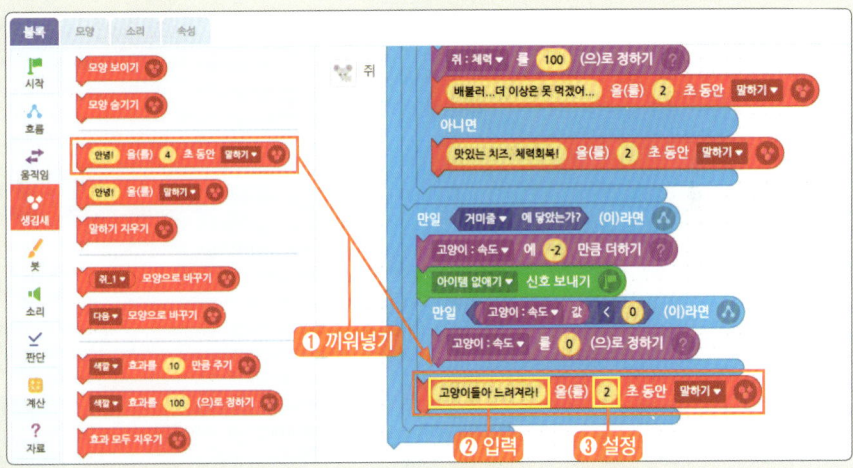

02 복제되는 고양이의 수 조절하기

❶ 현재 생성된 고양이의 수를 저장할 변수를 추가합니다. [속성] 탭을 눌러 모든 오브젝트에서 사용할 수 있는 '고양이 : 고양이 수' 변수를 추가합니다.

> **TIP**
> 추가된 변수의 ⊙ 단추를 눌러 변수를 게임 화면에서 숨겨줍니다.

❷ '고양이' 오브젝트를 선택하고 [예 10 만큼 더하기] 블록을 꺼내어 [시작하기 버튼을 클릭했을 때] 블록 아래, 그림에 표시된 위치에 추가한 후 변수값을 '고양이 : 고양이 수'로, 조건값을 '1'로 설정합니다. 이어서, [복제본이 처음 생성되었을때] 블록 아래에 있는 [이동 방향을 30 부터 60 사이의 무작위 수 (으)로 정하기] 블록 아래에도 동일하게 추가합니다.

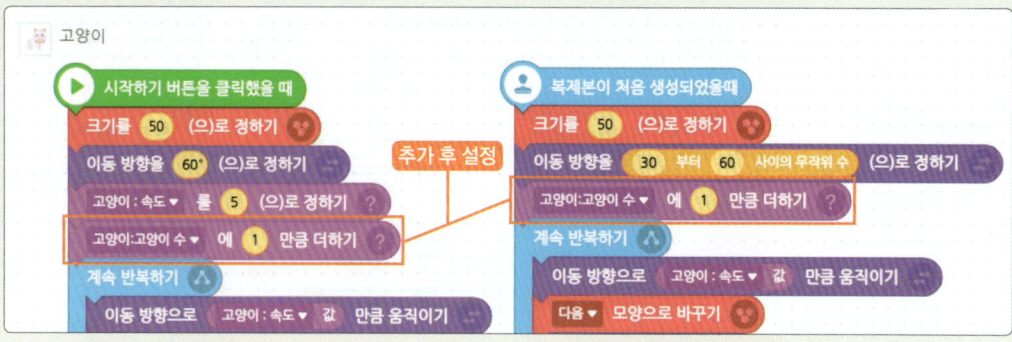

❸ [복제본이 처음 생성되었을때] 코드 목록에서 [고양이:고양이 수 ▼ 에 1 만큼 더하기] 블록 아래에 [만일 참 (이)라면] 블록을 추가합니다. 이어서, 조건을 [10 > 10], [값] 블록을 이용하여 [고양이:고양이 수 ▼ 값 > 10] 으로 설정합니다.

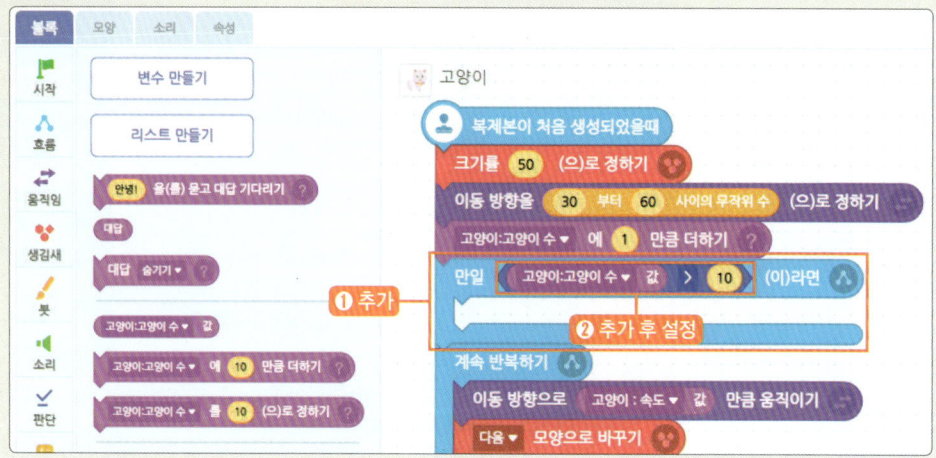

❹ [이 복제본 삭제하기] 블록을 꺼내 그림에 표시된 위치에 추가합니다.

CHAPTER 11 문제해결능력 스스로 해결하기

■ 불러올 파일 : 아이템 만들기-4.ent   ■ 완성된 파일 : 게임 난이도 조절하기-4.ent

01 내 맘대로 상상하고 해결하기

미리보기 : 게임 난이도 조절하기-4.mp4

● 쥐 블록의 고양이 속도 감소 값과 고양이 블록의 초기 고양이 속도, 들판 블록의 고양이 속도 조절 주기 및 속도 증가 값을 조절하여 게임의 난이도를 조절해 봅니다.

[쥐 오브젝트]

[고양이 오브젝트]

[들판 오브젝트]

● 쥐 블록의 [만일 고양이:속도 값 < 0 (이)라면] 블록을 삭제하고 거미줄을 모아 고양이의 속도가 어떻게 변하는지 살펴봅니다. (실습이 끝난 이후에는 블록을 원래대로 돌려놓습니다.)

[쥐 오브젝트]

CHAPTER 12 코드를 정리하자

■ 불러올 파일 : 아이템 만들기-4.ent   ■ 완성된 파일 : 코드를 정리하자.ent

이런것 배워요!

- 변수의 개념과 필요성을 이해할 수 있습니다.
- 기존에 작성해둔 코드에서 필요한 부분을 변수로 대체할 수 있습니다.

▲ 미리보기 : 쿨타임 생성하기.mp4

읽고 넘어가기

▶ **변수란?**

컴퓨터 프로그램에서 그 값이 일정하지 않고 상황에 따라 변경되는 값입니다. 엔트리에서는 모든 오브젝트에서 사용 가능한 '전역변수'와 특정 오브젝트에서만 사용 가능한 '지역변수' 두 가지가 있습니다. 전역변수는 프로그램이 종료되기 전에는 저장되어있는 그 값이 유지됩니다. 하지만 지역변수는 오브젝트의 모든 코드가 멈추거나 복제본이 삭제될 때 초기화됩니다.

▶ **쿨타임이란?**

쿨타임은 주로 게임에서, 기술을 다시 사용하기 위해 기다리는 시간을 의미합니다. 본장에서는 기술은 아니지만, 아이템이 생성되고 다음 아이템이 생성되기까지 걸리는 시간, 아이템 삭제 주기, 고양이 복제 주기 등에도 쿨타임의 개념을 적용해 변수를 추가해 보겠습니다.

▶ **기존에 사용한 변수**

변 수 명	용 도
쥐 : 체력	쥐의 체력을 저장해둔 변수입니다.
고양이복제?	고양이의 복제 여부를 저장한 변수입니다. 복제했음, 기다리기 두가지의 값을 가집니다.
고양이 : 속도	고양이가 이동하는 속도가 저장된 변수입니다.
고양이속도조절?	고양이의 속도 조절 여부를 저장한 변수입니다. 조절했음, 기다리기 두 가지의 값을 가집니다.
아이템생성?	아이템생성 여부를 저장한 변수입니다. 생성했음, 기다리기 두 가지의 값을 가집니다.
아이템삭제?	아이템삭제 여부를 저장한 변수입니다. 삭제했음, 기다리기 두 가지의 값을 가집니다.
생성아이템종류	일정한 범위에서 무작위로 부여된 0 이상의 숫자입니다. 아이템의 종류를 추가할수록 범위가 늘어나게 됩니다.

▶ **새롭게 추가할 변수**

변 수 명	용 도
쿨 : 아이템 생성	아이템의 생성 주기를 설정하는 변수입니다.
쿨 : 아이템 삭제	생성된 아이템의 삭제 주기를 설정하는 변수입니다.
쿨 : 고양이 복제	고양이가 복제되는 주기를 설정하는 변수입니다.
쿨 : 고양이 속도	고양이의 속도를 조절하는 주기를 설정하는 변수입니다.
쥐 : 속도	쥐가 이동하는 속도가 저장된 변수입니다.

01 아이템 생성 쿨타임 추가하기

① 들판 오브젝트를 선택하고 [속성] 탭에서 이 오브젝트에서만 사용 가능한 변수, '쿨 : 아이템 생성' 변수를 추가합니다.

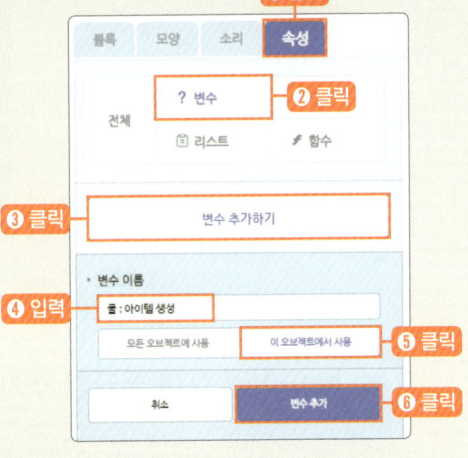

② `■ 를 10 (으)로 정하기` 블록을 꺼내 '아이템생성' 코드 블록의 `아이템생성? ▼ 를 기다리기 (으)로 정하기` 블록 아래에 추가하고 앞쪽의 변수를 '쿨 : 아이템 생성'으로, 뒤쪽의 조건 값을 '5'로 설정해 줍니다.

③ `■ 값` 블록을 꺼내 초시계 값을 나누어주는 몫에 그림과 같이 넣어주고 조건 값을 '쿨 : 아이템 생성'으로 바꿔줍니다.

TIP
보기 편하게 하기위해 [계속 반복하기] 블록 안의 [만일 ~라면] 블록 순서를 바꾸었습니다. 해당 순서는 바뀌어도 코딩에 오류가 생기지 않으나 교재에서 바꾼 순서 이외에 변경이 생기면 오류가 발생할 수 있습니다.

CHAPTER 12 코드를 정리하자 073

④ 그림에 표시된 위치에 `10 - 10` 블록과 `쿨:아이템 생성▼ 값` 블록을 그림과 같이 합쳐 넣어줍니다.

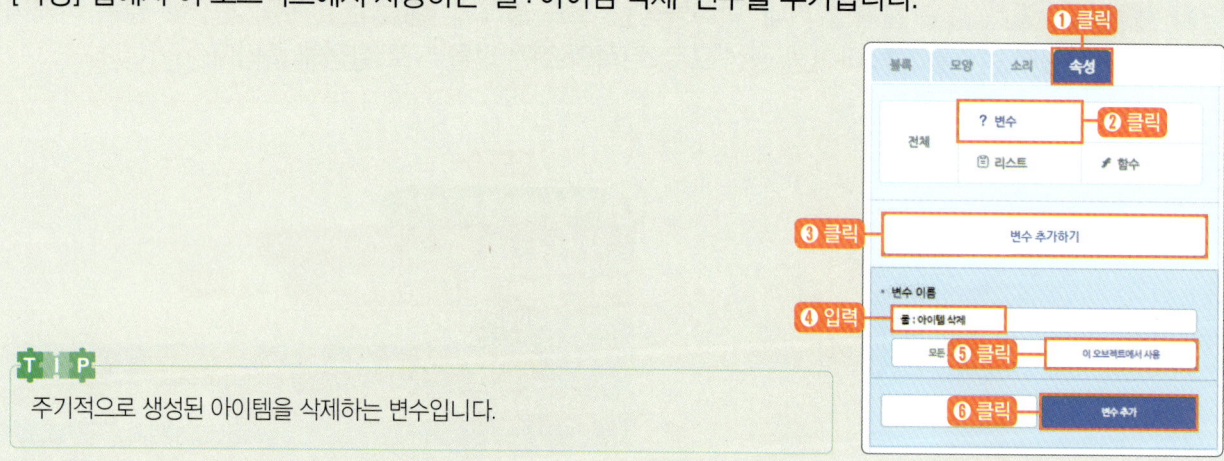

02 아이템 삭제 쿨타임 추가하기

❶ [속성] 탭에서 이 오브젝트에서 사용하는 '쿨:아이템 삭제' 변수를 추가합니다.

TIP
주기적으로 생성된 아이템을 삭제하는 변수입니다.

❷ `아이템삭제?▼ 를 기다리기 (으)로 정하기` 블록 아래에 `▼ 를 10 (으)로 정하기` 블록을 추가하고 변수값을 '쿨:아이템 삭제'로 설정합니다. 이어서, 그림에 표시된 위치에 그림처럼 변수값을 설정한 `값` 블록과 `쿨:아이템 삭제▼ 값 + 1` 블록을 넣어줍니다.

074 엔트리로 만드는 프로젝트 게임

03 고양이 복제 쿨타임 추가하기

❶ 주기적으로 고양이를 복제할 수 있도록 고양이 복제 쿨타임을 변수로 추가합니다. [속성] 탭에서 이 오브젝트에서 사용할 수 있는 '쿨 : 고양이 복제' 변수를 추가합니다.

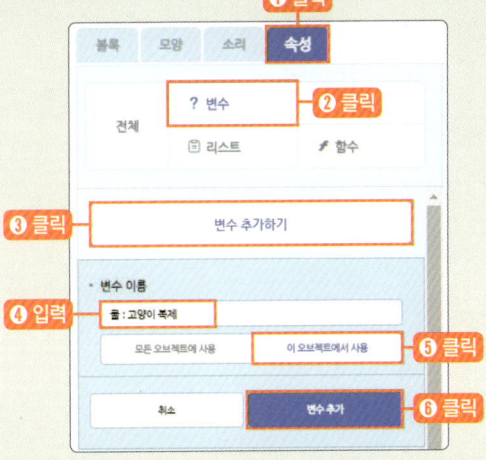

❷ `고양이복제? ▼ 를 기다리기 (으)로 정하기` 블록 아래에 `▼ 를 10 (으)로 정하기` 블록을 추가하고 변수값을 '쿨 : 고양이 복제'로 설정합니다. 이어서, 그림에 표시된 위치에 그림처럼 변수값을 설정한 `값` 블록과 `쿨 : 고양이 복제 ▼ 값 - 10` 블록을 넣어 줍니다.

04 고양이 속도조절 쿨타임 추가하기

❶ [속성] 탭에서 이 오브젝트에서 사용하는 '쿨 : 고양이 속도' 변수를 추가합니다.

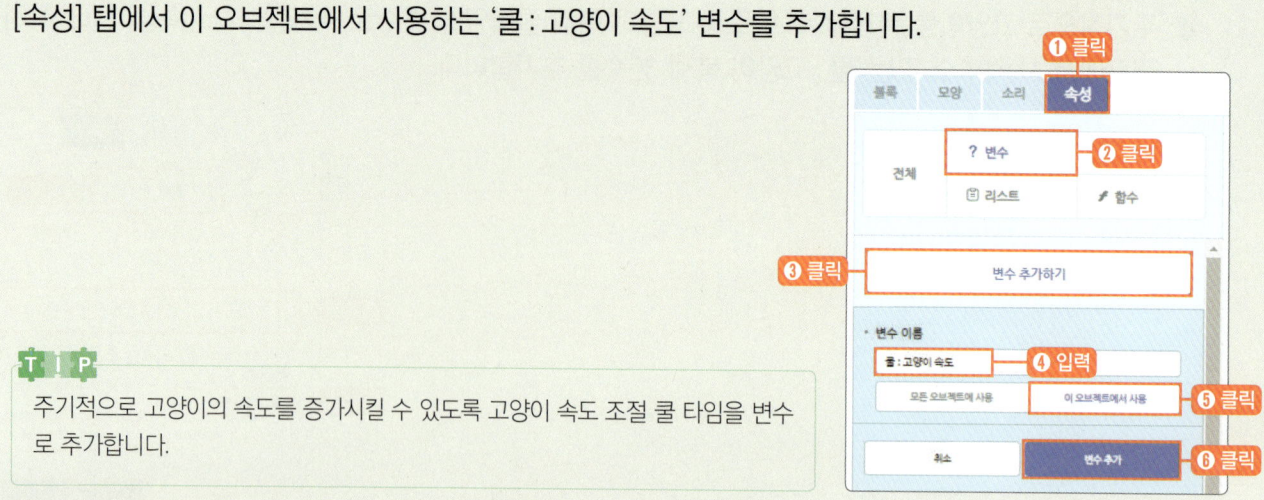

TIP
주기적으로 고양이의 속도를 증가시킬 수 있도록 고양이 속도 조절 쿨 타임을 변수로 추가합니다.

❷ `고양이속도조절? 를 기다리기 (으)로 정하기` 블록 아래에 `를 10 (으)로 정하기` 블록을 추가하고 변수값을 '쿨 : 고양이 속도'로 조건값을 '5'로 설정합니다. 이어서, 그림에 표시된 위치에 그림처럼 변수값을 설정한 `값` 블록과 `쿨 : 고양이 속도 값 - 1` 블록을 넣어 줍니다.

05 쥐 속도 변수 추가하기

❶ 쥐 오브젝트를 선택하고 [속성] 탭에서 모든 오브젝트에서 사용 가능한 '쥐 : 속도' 변수를 추가합니다.

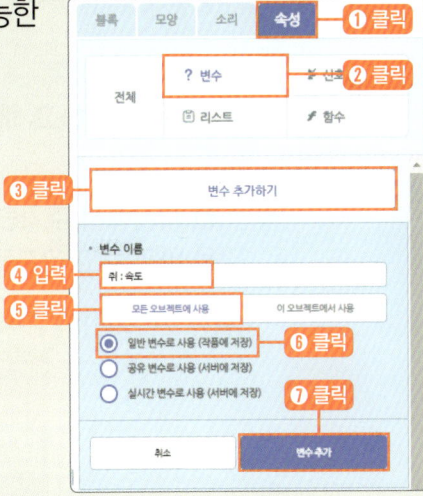

❷ `를 10 (으)로 정하기` 블록을 꺼내 아래 그림과 같이 `크기를 40 (으)로 정하기` 블록 아래에 추가하고 변수값을 '쥐 : 속도'로 조건 값을 '5'로 설정합니다.

❸ 방향별로 위치한 네 개의 `이동 방향으로 5 만큼 움직이기`의 조건값에 `값` 블록을 넣어주고 변수값을 '쥐 : 속도'로 설정합니다.

> **TIP**
> 기존의 코드에서 쥐의 속도를 변경하기 위해서는 네 가지 방향 조건값 안에 있는 각각의 숫자를 일일이 변경해 주어야 하지만 변수를 속도로 이용하고 블록의 초반부에서 쥐의 속도 변수 값을 지정한다면, 한 번만 값을 바꿔도 모두 적용됩니다.

CHAPTER 12 문제해결능력 스스로 해결하기

■ 불러올 파일 : 코드를 정리하자.ent   ■ 완성된 파일 : 없음

01 내 맘대로 상상하고 해결하기

● 이번 차시에서 추가한 변수들은 블록의 위쪽에서 값을 지정하고 있습니다. 지정된 변수의 값을 바꿔 보고 코드들이 이전과 동일하게 작동하는지 확인해 봅니다.

[들판 오브젝트]

[쥐 오브젝트]

MEMO

CHAPTER 13 - 쥐도 고양이를 공격할 수 있어-1

■ 불러올 파일 : 코드를 정리하자.ent   ■ 완성된 파일 : 쥐도 고양이를 공격할 수 있어-1.ent

이런 걸 배워요!

- 쥐 오브젝트가 공격 신호를 받을 수 있게 합니다.
- 특정한 공격 키를 누르면 쥐 오브젝트가 공격할 수 있게 합니다.

▲ 미리보기 : 쥐도 고양이를 공격할 수 있어-1.mp4

컴퓨터 사고력은 순서도로 부터!

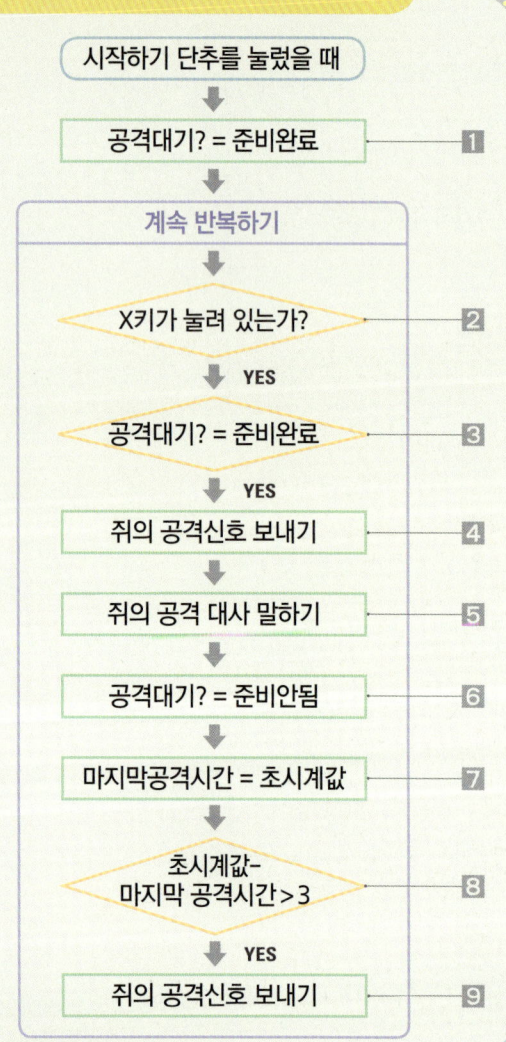

[쥐 오브젝트]

1. '공격대기?' 변수를 준비 완료로 설정합니다.

   ─ 계속 반복하기 ─

2. X키가 눌려있는 경우 아래의 코드가 실행됩니다.

3. '공격대기?' 값이 준비 완료인 경우, 아래의 코드가 실행됩니다.

4. '쥐의 공격' 신호를 보냅니다.

5. 설정된 쥐의 공격 대사를 표출합니다.

6. '공격대기?' 값을 준비 안됨으로 설정합니다.

7. '마지막공격시간' 변수의 값을 초시계 값과 동일하게 설정합니다.

8. (초시계 값 - 마지막 공격시간)의 값이 3보다 큰 경우 아래의 코드가 동작합니다.

9. '공격대기?' 변수를 준비 완료로 설정합니다.

01 키보드 입력에 따른 쥐의 공격 신호

❶ 쥐 오브젝트를 선택하고 [시작하기 버튼을 클릭했을 때], [계속 반복하기] 블록을 꺼내어 그림과 같이 연결합니다.

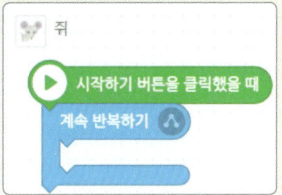

❷ [계속 반복하기] 블록 안에 [만일 참 (이)라면] 블록을 추가하고 [q▼ 키가 눌러져 있는가?] 블록을 조건으로 추가한 후 조건값을 'x'로 설정합니다.

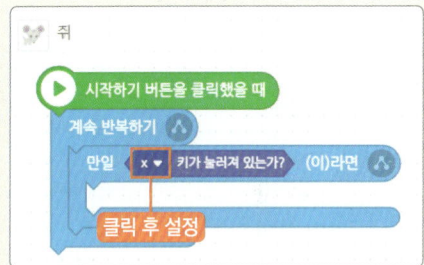

❸ [속성] 탭을 눌러 '쥐의 공격' 신호를 새롭게 추가합니다.

❹ [신호 보내기] 블록을 꺼내 [만일 x▼ 키가 눌러져 있는가? (이)라면] 블록 안에 추가하고 블록의 신호를 '쥐의 공격'으로 설정합니다. 이어서, 아래에 [안녕! 을(를) 4 초 동안 말하기▼] 블록을 추가하고 그림과 같이 '대사'와 '초' 조건값을 입력합니다.

CHAPTER 13 쥐도 고양이를 공격할 수 있어-1 **081**

02 쥐의 공격 속도/주기 추가하기

❶ [속성] 탭을 누르고 이 오브젝트에서만 사용 가능한 '공격대기?' 변수를 추가합니다.

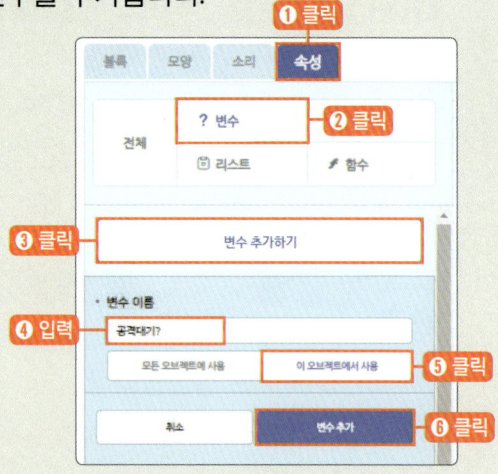

❷ `룰 10 (으)로 정하기` 블록을 꺼내 `시작하기 버튼을 클릭했을 때` 블록 아래에 추가하고 변수값을 '공격대기?'로 조건값을 '준비완료'로 입력합니다.

❸ `쥐의 공격 신호 보내기` 블록 위에 `만일 참 (이)라면` 블록과 `10 = 10`을 합쳐 추가하고 `10 = 10` 블록 앞에는 `공격대기? 값` 블록을 뒤에는 '준비완료' 값을 입력해 줍니다.

④ [쥐의 공격▼ 신호 보내기], [공격! 을(를) 0.1 초 동안 말하기▼] 블록을 [만일 공격대기?▼ 값 = 준비완료 (이)라면] 블록 안으로 옮겨주고 [▼ 를 10 (으)로 정하기] 블록을 꺼내 그림의 위치에 추가한 후 변수값은 '공격대기?'로 조건값은 '준비안됨'으로 입력합니다.

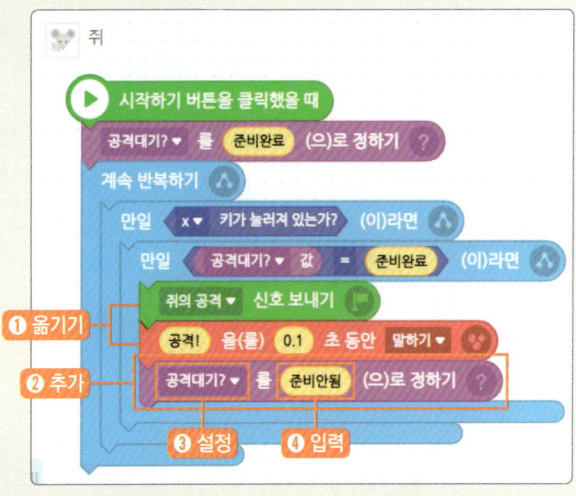

⑤ [속성] 탭을 누르고 이 오브젝트에서만 사용 가능한 '마지막공격시간' 변수를 추가합니다.

⑥ [공격대기?▼ 를 준비안됨 (으)로 정하기] 블록 아래에 [▼ 를 10 (으)로 정하기] 블록을 추가하고 변수값을 '마지막공격시간'으로 조건값에는 [초시계 값] 블록을 넣어줍니다.

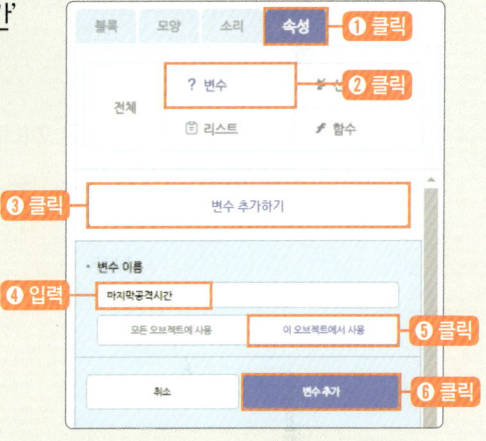

TIP
해당 코드가 동작하면 쥐가 공격한 시간이 '마지막공격시간' 변수에 저장됩니다.

CHAPTER 13 쥐도 고양이를 공격할 수 있어-1 083

❼ 만일 참 (이)라면 블록을 꺼내 그림에 표시된 위치에 추가하고 10 > 10 블록을 꺼내 조건에 넣어준 후 왼쪽에는 10 - 10 , 초시계 값 , 값 블록을 합쳐 그림과 같이 넣어 주고 오른쪽에는 '3'을 입력합니다.

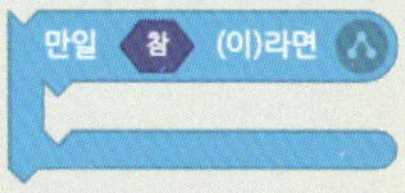

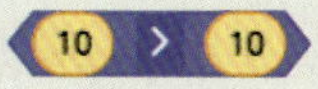

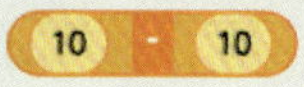

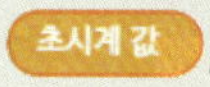

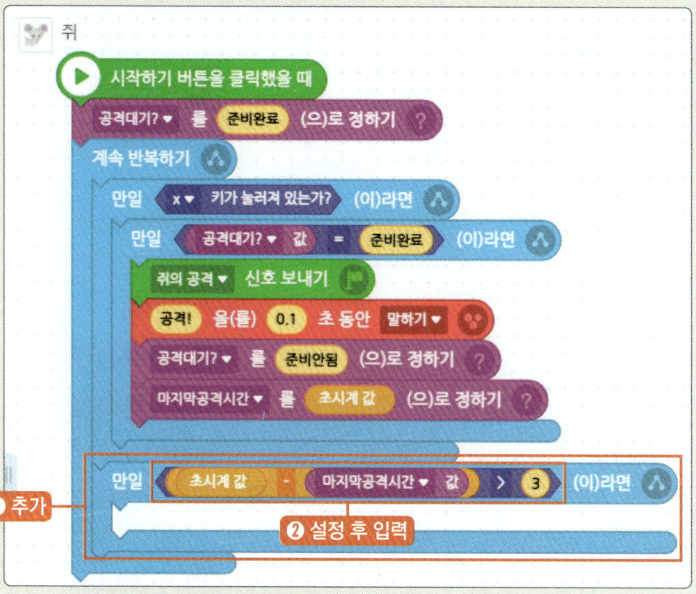

❶ 추가
❷ 설정 후 입력

❽ 를 10 (으)로 정하기 블록을 꺼내 만일 초시계 값 - 마지막공격시간 값 > 3 (이)라면 블록 안에 추가하고 변수 값은 '공격대기?'로 조건값은 '준비완료'로 설정합니다.

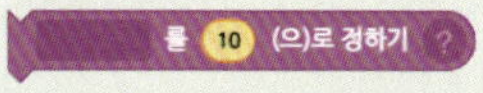

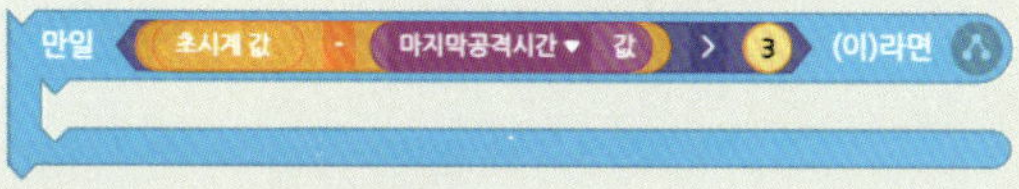

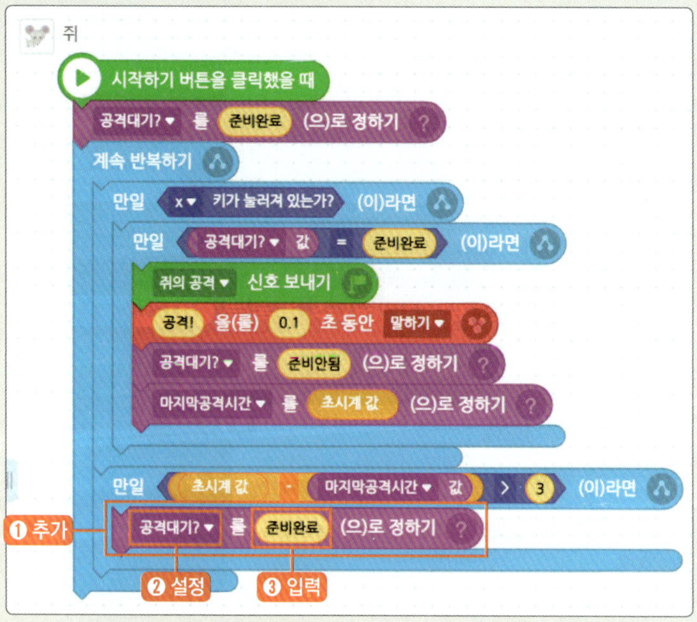

❶ 추가
❷ 설정
❸ 입력

CHAPTER 13 스스로 해결하기

■ 불러올 파일 : 쥐도 고양이를 공격할 수 있어-1.ent ■ 완성된 파일 : 나만의 공격 만들기.ent

01 내 맘대로 상상하고 해결하기

미리보기 : 나만의 공격 만들기.mp4

● 앞서 따라 만든 공격 이외에 나만의 공격을 추가해 봅니다. X키를 눌렀을 때는 기존의 공격이 나가도록 유지한 채, 다른 키 입력에 동작하는 공격 신호를 추가합니다.

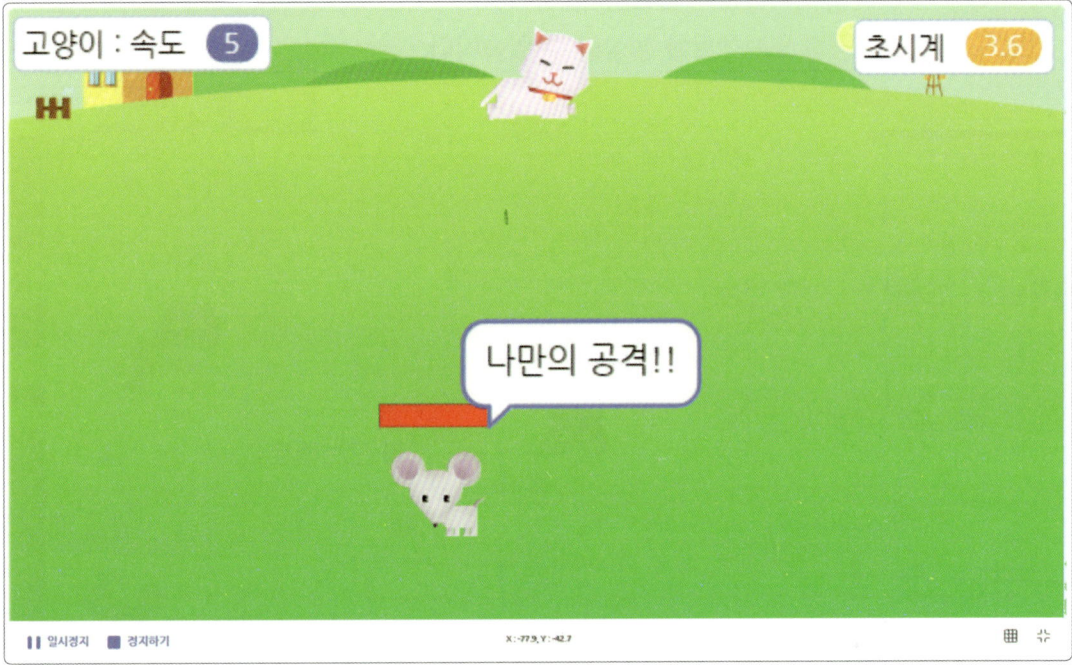

TIP
왼쪽과 같이 새로운 공격키를 설정한 블록을 오른쪽 아래에 추가하여 새로운 공격 신호를 추가할 수 있습니다.

CHAPTER 14 쥐도 고양이를 공격할 수 있어-2

■ 불러올 파일 : 쥐도 고양이를 공격할 수 있어-1.ent   ■ 완성된 파일 : 쥐도 고양이를 공격할 수 있어-2.ent

이런걸 배워요!

- 여러 겹으로 중첩된 반복문을 사용할 수 있습니다.
- 키보드 입력으로 공격 오브젝트를 생성할 수 있습니다.

▲ 미리보기 : 쥐도 고양이를 공격할 수 있어-2.mp4

컴퓨터 사고력은 순서도로 부터!

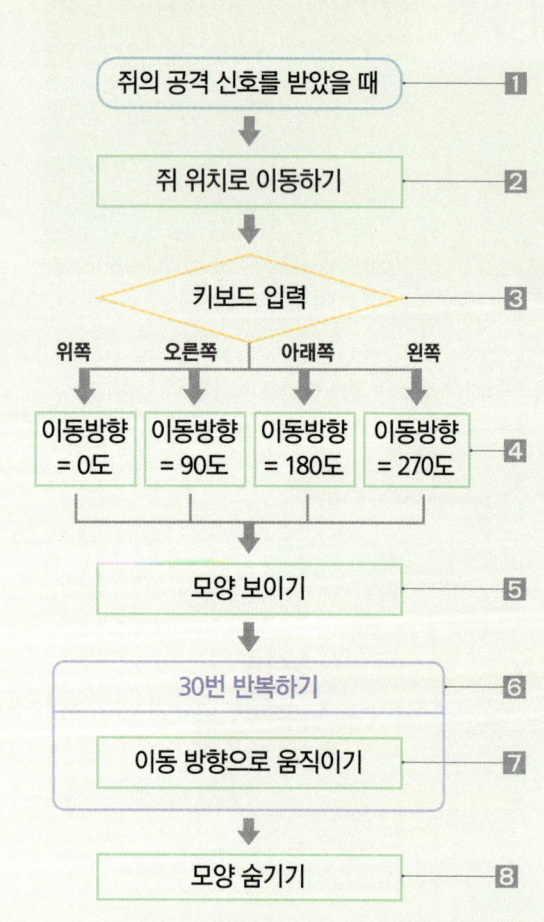

[불 오브젝트]

1. 쥐의 공격 신호를 받았을 때 코드가 동작합니다.

2. 불 오브젝트를 쥐 위치로 이동합니다.

3. 키보드의 입력을 감지합니다.

4. 키보드의 입력 방향에 따라 불 오브젝트의 이동 방향을 설정해 줍니다.

5. 불 오브젝트의 모양을 보이게 설정합니다.

6. 아래의 코드를 30번 반복합니다.

   ─ 30번 반복하기
7. 이동 방향으로 불 오브젝트를 움직입니다.

8. 불 오브젝트의 모양을 숨깁니다.

01 쥐의 공격 신호에 생성되는 불꽃 공격 만들기

❶ `+ 오브젝트 추가하기` 단추를 누르고 [환경] 탭에서 '불(2)' 오브젝트를 추가합니다. 이어서, '불(2)' 오브젝트의 👁 단추를 눌러 오브젝트를 게임 화면에서 숨겨줍니다.

❷ 새롭게 추가된 불 오브젝트를 선택하고 `신호를 받았을 때` 블록을 꺼내 추가한 후 앞쪽의 신호값을 '쥐의 공격' 신호로 설정합니다.

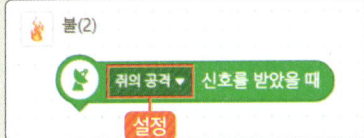

❸ `위치로 이동하기`, `만일 참 (이)라면 아니면` 블록을 꺼내 그림의 위치에 추가하고 `위치로 이동하기` 블록 조건값을 '쥐'로 설정합니다.

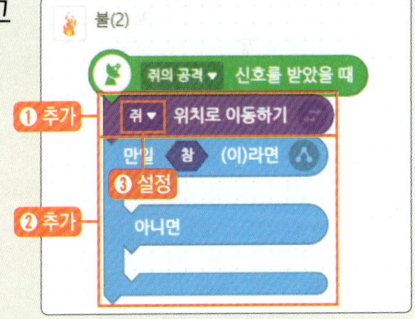

❹ `q▼ 키가 눌러져 있는가?` 블록을 그림에 표시된 블록의 조건에 넣어주고 `q▼ 키가 눌러져 있는가?` 블록 조건값을 '오른쪽 화살표'로 설정합니다.

❺ `이동 방향을 90°(으)로 정하기` 블록을 그림과 같이 추가하고 각도값을 '90'으로 설정합니다.

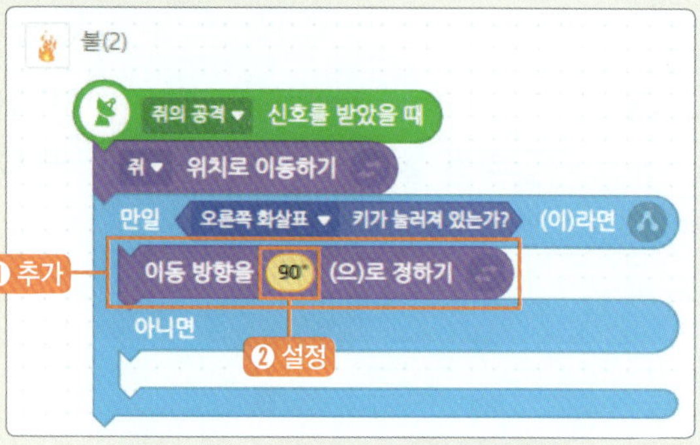

❻ 그림과 같이 왼쪽 화살표 입력을 받는 블록을 조립하고 그림에 표시된 위치에 추가한 후 각도값을 '270'으로 설정합니다.

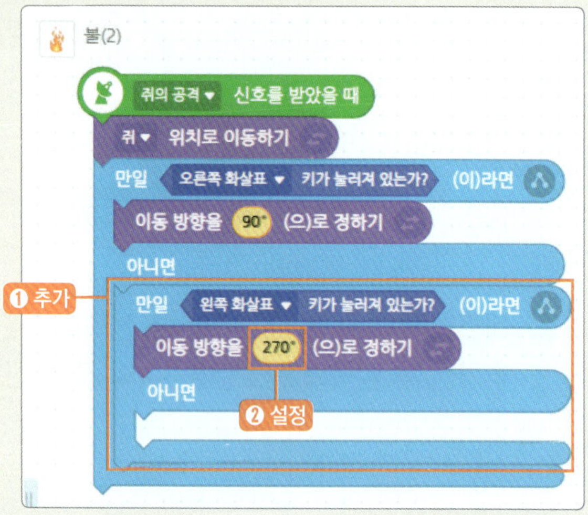

> **TIP**
> 오른쪽 화살표 입력을 받는 블록을 '복사+붙여넣기' 하면 더 빠르게 설정할 수 있습니다.

❼ 그림과 같이 아래쪽 화살표 입력을 받는 블록을 조립하고 그림에 표시된 위치에 추가한 후 각도값을 '180'으로 설정합니다.

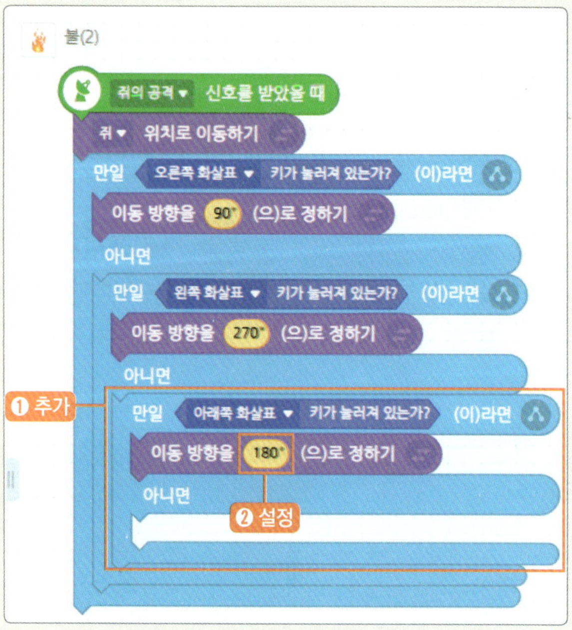

⑧ 그림에 표시된 위치에  블록을 조립하여 추가하고 안쪽에
`이동 방향을 90° (으)로 정하기` 블록을 넣은 후 각도값을 '0'으로 설정합니다.

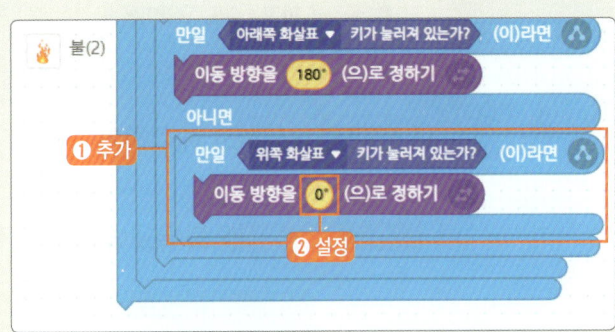

⑨ `모양 보이기` 블록을 꺼내 맨 아래에 추가합니다.

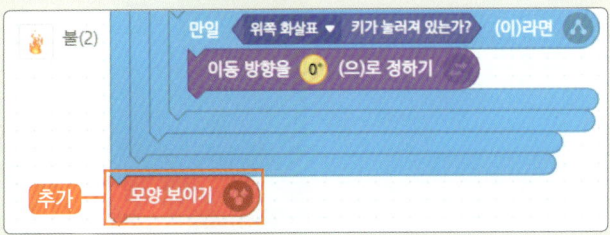

⑩ `10 번 반복하기` 블록을 꺼내 맨 아래에 추가하고 반복 횟수값을 '30'으로 설정합니다. 이어서, `이동 방향으로 10 만큼 움직이기` 블록을 추가하고 이동값을 '8'로 설정합니다.

TIP
반복하기는 불꽃이 이동하는 시간에 영향을 줍니다. 반복을 많이 할수록 불꽃이 더 오랜 시간 동안 움직이게 되고 움직이기의 값은 불꽃의 속도에 영향을 줍니다. 두 값을 각각 조절하여 적당한 속도의 불꽃을 만들어 보세요.

⑪ 맨 아래에 `모양 숨기기` 블록을 추가합니다.

CHAPTER 14 문제해결능력 스스로 해결하기

■ 불러올 파일 : 쥐도 고양이를 공격할 수 있어-2.ent   ■ 완성된 파일 : 쥐의 공격 수정하기.ent

01 내 맘대로 상상하고 해결하기

미리보기 : 쥐의 공격 수정하기.mp4

● `크기를 100 (으)로 정하기` 블록을 추가하여 불꽃의 크기 조금 더 작게 설정해 봅니다.

● 아래의 그림처럼 쥐의 공격이 대각선으로 발사될 수 있도록 코드를 추가해 봅니다.

> **TIP**
> 아래의 코드 블록처럼 '오른쪽 화살표' 동작 안쪽에 위쪽과 아래쪽에 대한 코드를, '왼쪽 화살표' 동작 안쪽에 위쪽과 아래쪽에 대한 코드를 각각 추가하면 8방향이 입력을 모두 인식할 수 있게 됩니다.

MEMO

CHAPTER 15 고양이의 체력을 만들어 주자

■ 불러올 파일 : 쥐도 고양이를 공격할 수 있어-2.ent   ■ 완성된 파일 : 고양이의 체력을 만들어 주자.ent

이런걸 배워요!

- 공격에 따라 적(고양이)의 체력을 줄어들게 만들 수 있습니다.
- 체력이 줄어든 적(고양이 복제본)을 삭제할 수 있습니다.

▲ 미리보기 : 고양이의 체력을 만들어 주자.mp4

컴퓨터 사고력은 순서도로 부터!

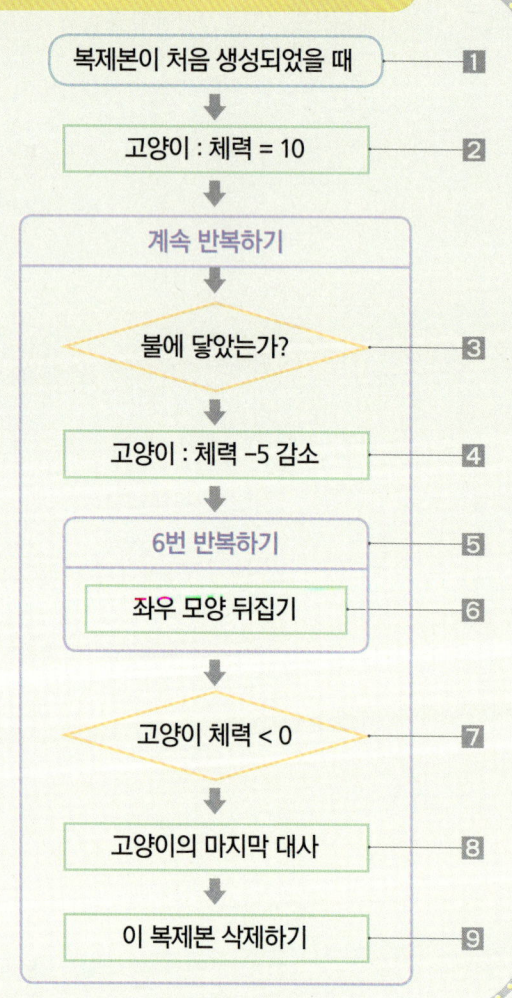

[고양이 오브젝트]

1. 복제본이 처음 생성되었을 때 아래의 코드가 동작합니다.
2. 고양이의 초기 체력을 설정합니다.

― 계속 반복하기 ―

3. 불에 닿은 경우 아래의 코드가 동작합니다.
4. 고양이의 체력을 감소시킵니다.
5. 아래의 코드를 6번 반복합니다.
6. 오브젝트의 좌우 모양을 뒤집습니다.
7. 고양이의 체력이 0보다 작아지면 아래의 코드가 작동합니다.
8. 고양이의 마지막 대사를 표출합니다.
9. 체력이 0보다 작아진 오브젝트를 삭제합니다.

01 불에 닿아 사라지는 고양이

❶ '고양이' 오브젝트를 선택하고 `복제본이 처음 생성되었을때` 블록 코드를 찾은 후 `만일 참 (이)라면` 블록을 그림에 표시된 위치에 추가합니다.

❷ `마우스포인터 에 닿았는가?` 블록을 앞서 추가한  블록의 조건에 넣어주고 조건값을 '불(2)'로 설정해 줍니다.

> **TIP**
> 접촉을 감지할 오브젝트를 불(2)로 설정합니다.

❸ `이 복제본 삭제하기` 블록을 `만일 불(2) 에 닿았는가? (이)라면` 블록 안에 추가합니다.

02 고양이의 체력 만들기

❶ [속성]탭을 선택하고 이 오브젝트에서만 사용 가능한 '고양이 : 체력' 변수를 추가합니다.

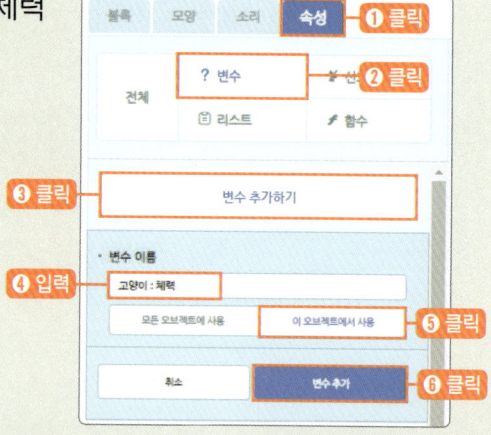

❷ 블록을 꺼내 블록 아래에 추가하고 변수를 '고양이 : 체력'으로, 값을 '10'으로 설정합니다.

❸ 블록을 꺼내 그림과 같이 블록 위에 추가해 주고 변수를 '고양이 : 체력'으로, 값을 '-5'로 설정합니다.

❹ [만일 참 (이)라면] 블록을 꺼내 그림의 위치에 추가하고 [10 ≤ 10], [　　값] 블록을 조립해서 조건에 넣어준 후 그림과 같이 변수값과 조건값을 입력해 줍니다. 이어서, [이 복제본 삭제하기] 블록을 앞서 조립한 블록의 안으로 넣어줍니다.

03 불에 맞은 고양이의 반응 만들기

❶ [10 번 반복하기] 블록을 꺼내 [고양이:체력 ▼ 에 -5 만큼 더하기] 블록 아래에 그림과 같이 추가하고 반복값을 '6'으로 설정합니다.

❷ [좌우 모양 뒤집기] 블록을 그림에 표시된 위치에 넣고 [안녕! 을(를) 4 초 동안 말하기 ▼] 블록을 [이 복제본 삭제하기] 위에 추가한 후 체력이 '0'보다 작아진 고양이가 사라지기 전 마지막으로 남길 대사와 해당 초 값을 그림과 같이 입력합니다.

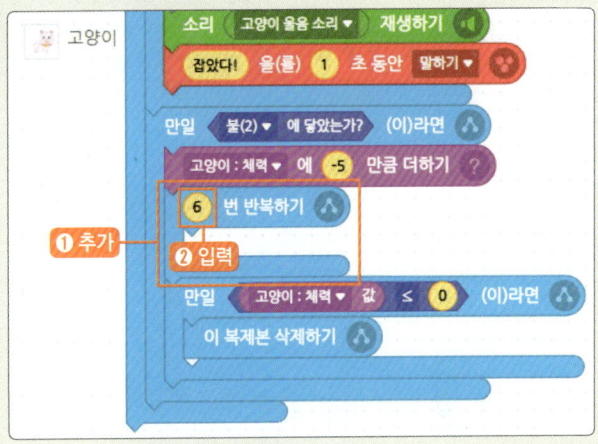

04 고양이에 닿은 불을 없애기

❶ '불(2)' 오브젝트를 선택합니다. 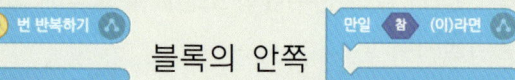 블록의 안쪽 블록을 추가하고 블록을 꺼내 조건에 설정한 후 조건값을 '고양이'로 설정합니다.

❷ 블록을 꺼내 블록 안에 추가합니다.

❸ 고양이가 불에 닿았음을 판단할 수 있도록 블록을 그림에 표시된 위치에 추가하고 기다리는 초 값을 '0.1'로 설정합니다.

CHAPTER 15 문제해결능력 스스로 해결하기

■ 불러올 파일 : 고양이의 체력을 만들어 주자.ent   ■ 완성된 파일 : 복제된 고양이 수정.ent

01 내 맘대로 상상하고 해결하기

미리보기 : 복제된 고양이 수정.mp4

- 복제된 고양이들의 크기나 색깔을 바꿔 첫 번째 고양이와 구분이 되도록 코드를 수정해 보세요.

- 고양이 오브젝트에서 고양이의 초기 설정 체력 값, 불에 닿은 고양이의 체력 감소 값을 바꿔 게임의 난이도를 조절해 봅니다.

CHAPTER 15 고양이의 체력을 만들어 주자 097

게임 종료 화면 만들기

■ 불러올 파일 : 고양이의 체력을 만들어 주자.ent   ■ 완성된 파일 : 없음

이런걸 배워요!

- 공격에 따라 적(고양이)의 체력을 줄어들게 만들 수 있습니다.
- 체력이 줄어든 적(고양이 복제본)을 삭제할 수 있습니다.

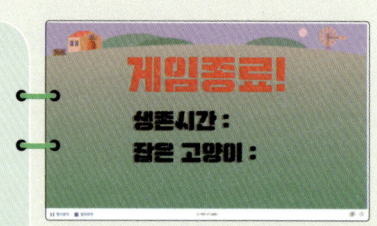

▲ 미리보기 :
게임 종료 화면 만들기.mp4

컴퓨터 사고력은 순서도로 부터!

[쥐 오브젝트]

1 시작하기 단추를 클릭 했을 때 아래의 코드가 동작합니다.

― 계속 반복하기 ―

2 쥐의 체력이 1보다 작아지면 아래의 코드가 동작합니다.

3 '종료화면' 장면을 시작합니다.

[들판 오브젝트]

1 장면이 시작되었을 때 아래의 코드가 동작합니다.

2 '고양이 : 속도' 변수를 보이지 않게 숨깁니다.

3 초시계를 보이지 않게 숨깁니다.

― 10번 반복하기 ―

4 색깔 효과를 '0.2'만큼 감소시킵니다.

5 0.1초 기다립니다.

01 새로운 장면 추가하기

❶ 기존에 사용하던 장면의 이름을 '게임장면'으로 이름을 바꿔 줍니다. 그리고 오른쪽의 ➕ 단추를 눌러 새로운 장면을 추가하고 추가된 장면의 이름을 '종료화면'으로 설정합니다.

02 장면 전환 코드 추가하기

❶  장면을 선택합니다. '쥐' 오브젝트를 선택하고 쥐 체력 조절 코드 블록에서 블록 안의 `모든 코드 멈추기` 블록을 삭제합니다. 그리고 그 자리에 [시작] 블록 꾸러미에 있는 `시작하기` 블록을 추가하고 장면을 앞서 추가한 '종료화면'으로 설정합니다.

03 종료 화면 꾸미기

① `종료화면` 장면을 선택하고 `+ 오브젝트 추가하기` 단추를 누른 후 기존에 배경으로 사용하던 '들판(4)' 오브젝트를 추가합니다.

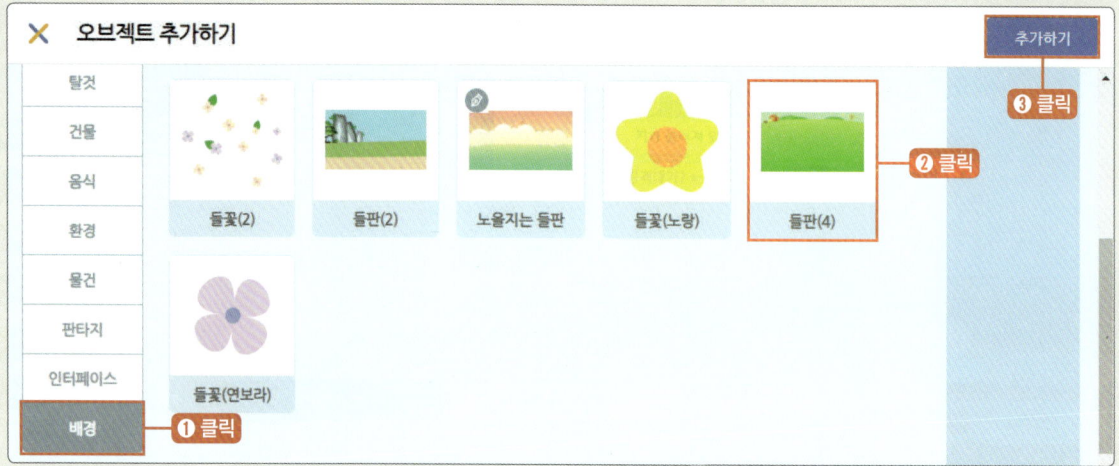

> **TIP**
> 어떤 장면에서 설정하는지 잘 보고 추가합니다.

② '들판(4) 1' 오브젝트에 `장면이 시작되었을 때`, `변수 숨기기`, `초시계 숨기기` 블록을 꺼내 그림과 같이 추가하고 변수를 '고양이 : 속도'로 설정합니다.

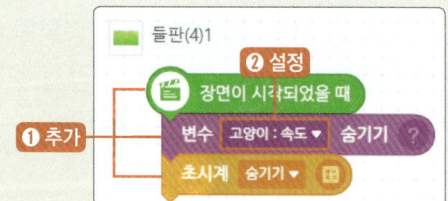

③ `10번 반복하기` 블록을 `초시계 숨기기` 블록 아래에 추가하고 `색깔 효과를 10 만큼 주기`, `2초 기다리기` 블록을 그림에 표시된 위치에 추가한 후 조건값을 그림과 같이 설정합니다.

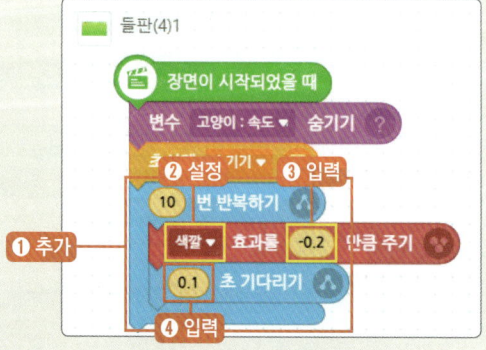

> **TIP**
> 해당 장면이 시작됐을 때 0.1초 간격으로 배경이 어두워지는 것을 확인할 수 있습니다. 설정된 시간을 줄이고 반복 횟수를 늘리면 보다 매끄러운 변화 효과를 줄 수 있습니다.

04 글상자 추가하기

❶ `+ 오브젝트 추가하기` 단추를 누릅니다. '글상자'탭을 클릭하고 원하는 글씨체로 설정한 후 글상자 내용에 '게임 종료!'라고 입력합니다. 이어서, 색상은 원하는 색상으로 설정하고 배경은 색상이 없는 투명한 상태로 설정한 후 `추가하기` 단추를 눌러 오브젝트를 추가합니다.

TIP 글상자 배경을 투명한 상태로 설정하려면 배경 박스 안의 왼쪽에 네모난 상자를 클릭하면 됩니다.

❷ 추가한 '게임종료!' 글상자 오브젝트를 선택하고 글상자의 모양이 보이지 않게 👁 단추를 눌러줍니다.

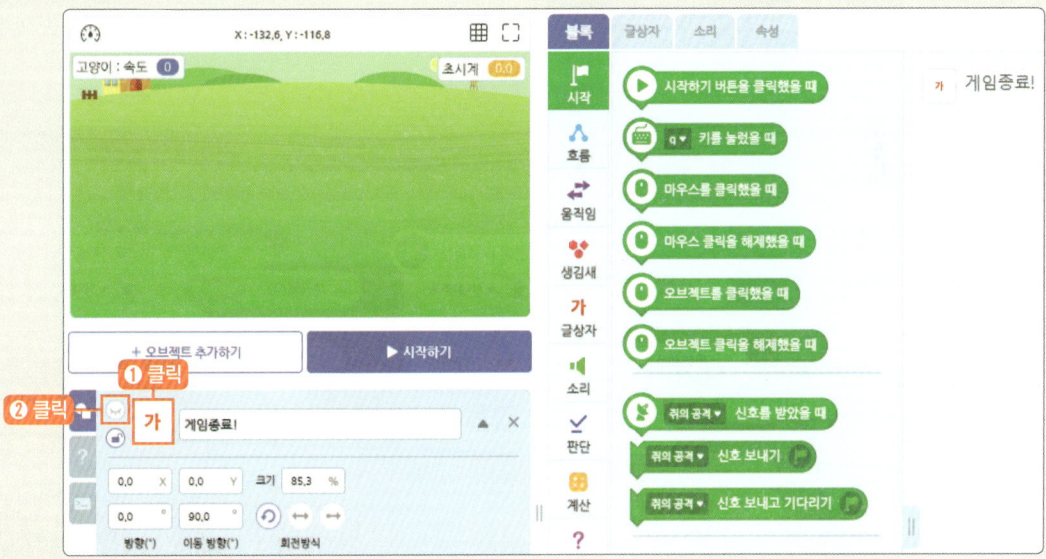

❸ 블록을 그림과 같이 추가하고 값을 입력합니다.

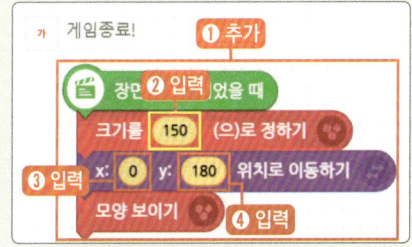

CHAPTER 16 게임 종료 화면 만들기 **101**

④  블록을 그림과 같이 추가하고 값을 입력합니다.

⑤ 게임의 기록을 보여주기 위한 글상자를 ┃+ 오브젝트 추가하기┃ 단추를 눌러 새로운 오브젝트를 추가합니다. '글상자' 탭을 클릭하고 원하는 글씨체로 설정한 후 글상자 내용에 '생존시간:'이라고 입력합니다. 이어서, 색상은 원하는 색상으로 설정하고 배경은 색상이 없는 투명한 상태로 설정한 후 ┃추가하기┃ 단추를 눌러 오브젝트를 추가합니다.

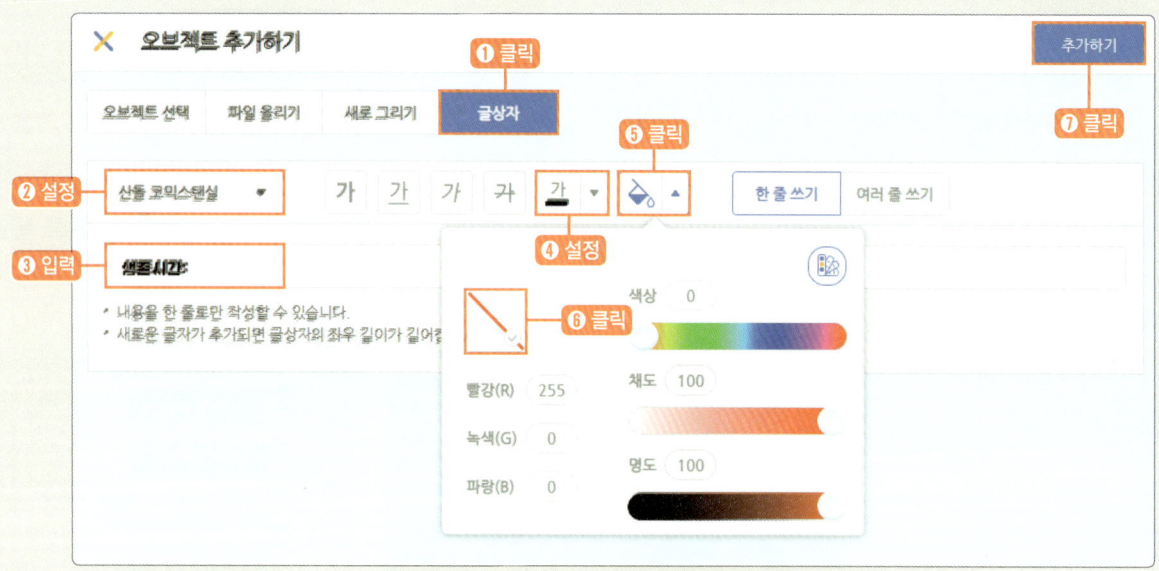

⑥ 추가한 '생존시간:' 글상자 오브젝트를 선택하고 [장면이 시작되었을 때], [x: 0 y: 0 위치로 이동하기], [2 초 기다리기], [모양 보이기] 블록을 그림과 같이 추가하고 값을 입력합니다.

❼ 잡은 고양이의 수를 표시하기 위한 글상자를 [+ 오브젝트 추가하기] 단추를 눌러 새로운 오브젝트를 추가합니다. '글상자' 탭을 클릭하고 원하는 글씨체로 설정한 후 글상자 내용에 '잡은 고양이:'라고 입력합니다. 이어서, 색상은 원하는 색상으로 설정하고 배경은 색상이 없는 투명한 상태로 설정한 후 [추가하기] 단추를 눌러 오브젝트를 추가합니다

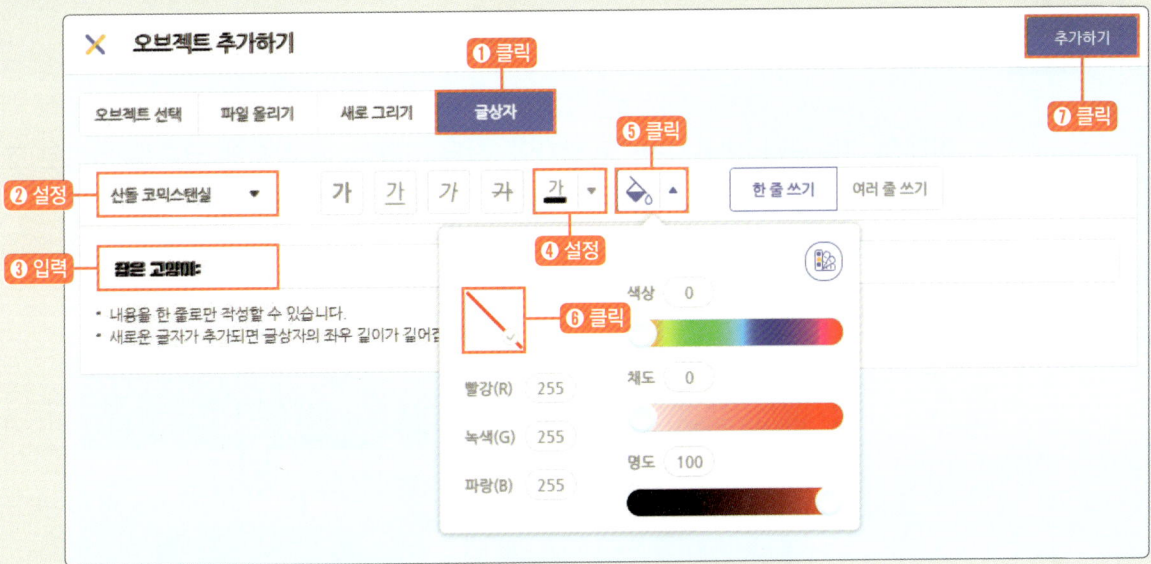

❽ '생존시간:' 글상자 오브젝트에서 작성해둔 코드를 복사해 '잡은 고양이:' 글상자에 붙여넣습니다. 그리고 'x'값을 '-15'로, 'y'값을 '-55'로 입력해 줍니다.

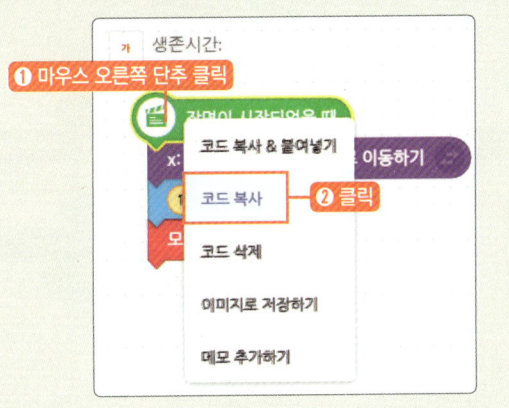
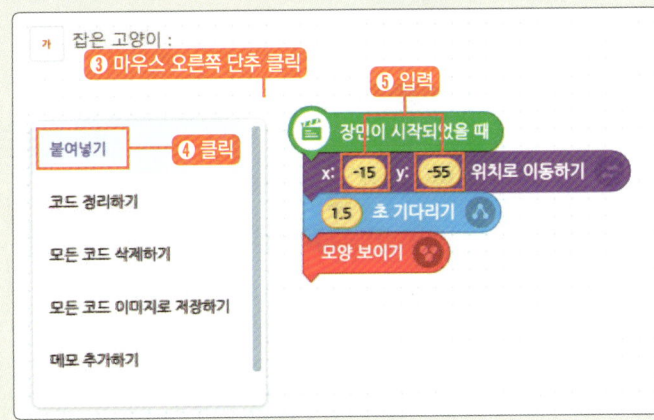

❾ [시작하기] 단추를 눌러 게임을 진행해 본 후 '스스로 해결하기' 까지 작업을 완료합니다.

CHAPTER 16 문제해결능력 스스로 해결하기

■ 불러올 파일 : 게임 종료 화면 만들기.ent   ■ 완성된 파일 : 게임 종료 화면 만들기.ent

01 내 맘대로 상상하고 해결하기

미리보기 : 게임 종료 화면 만들기.mp4

● 아래의 그림처럼 '생존시간:' 글상자와 '잡은 고양이:' 글상자에 코드를 추가로 조립하여 '게임종료!' 이외의 글상자들이 아래에서 올라오도록 만들어 봅니다.

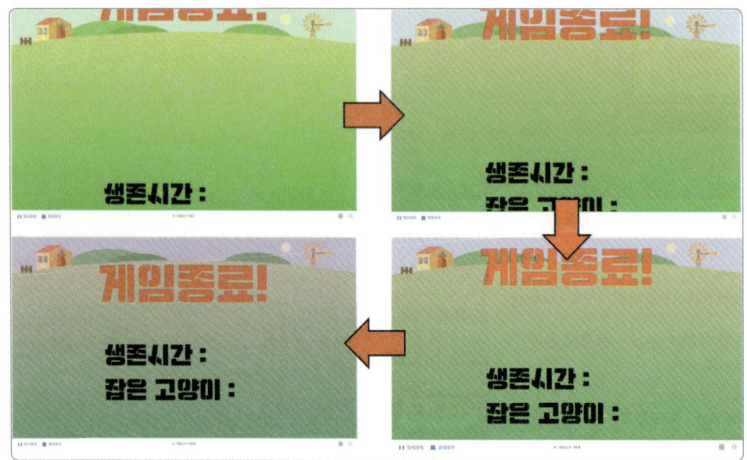

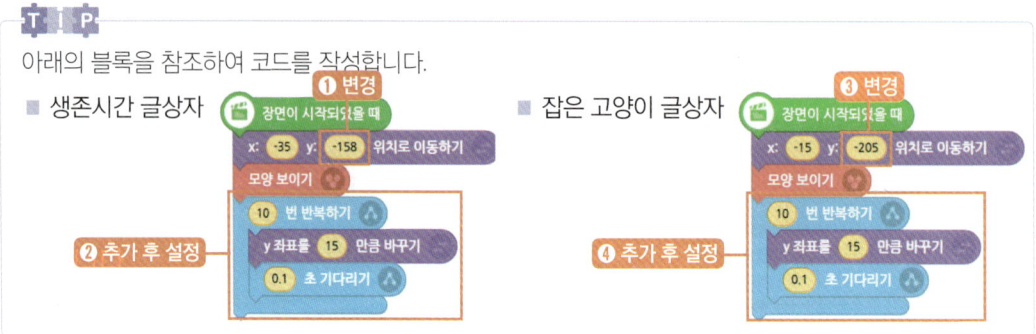

● 아래 블록들의 반복 횟수와 y좌표 바꾸기 값, 기다리는 시간을 바꿔 게임을 더욱 매끄럽게 바꿔 봅니다.

※ CHAPTER 16 스스로 해결하기는 CHAPTER 17로 이어집니다.

MEMO

CHAPTER 17 · 게임 시작 화면 만들기

■ 불러올 파일 : 게임 종료 화면 만들기.ent   ■ 완성된 파일 : 게임 시작 화면 만들기.ent

이런걸 배워요!

- 오브젝트 클릭으로 장면을 전환할 수 있습니다.
- 글상자에 움직임 효과를 만들 수 있습니다.

▲ 미리보기 : 게임 시작 화면 만들기.mp4

컴퓨터 사고력은 순서도로 부터!

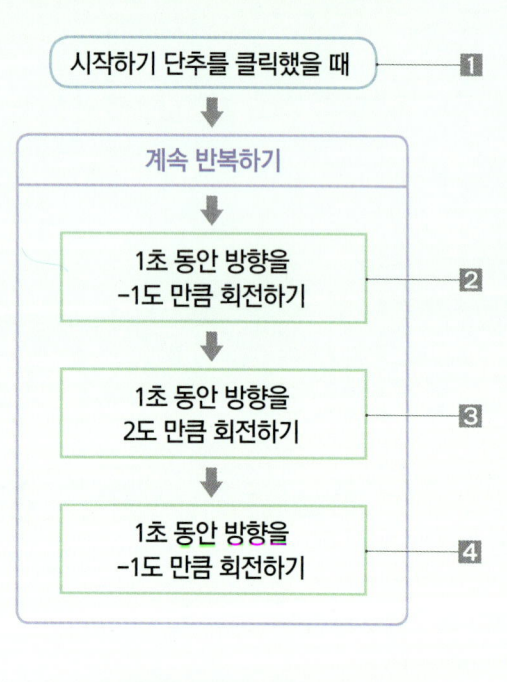

['고양이 피하기' 글상자 오브젝트]

1 시작하기 단추를 클릭했을 때 아래의 코드가 동작합니다.

— 계속 반복하기 —

2 1초 동안 글상자의 방향을 –1도만큼 회전합니다.

3 1초 동안 글상자의 방향을 +2도만큼 회전합니다.

4 1초 동안 글상자의 방향을 –1도만큼 회전합니다.

['게임시작' 글상자 오브젝트]

1 오브젝트 클릭을 해제했을 때 아래의 코드가 동작합니다.

2 '게임장면'을 시작합니다.

01 시작화면 추가하기

❶ 종료 화면 오른쪽의 ➕ 단추를 눌러 새로운 장면을 추가합니다. 그리고 장면의 이름을 '시작화면'으로 설정합니다.

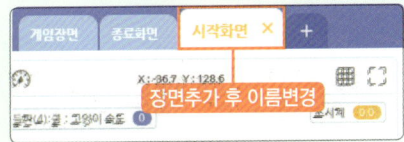

❷ `+ 오브젝트 추가하기` 단추를 누르고 '게임장면'과 '종료화면'에서 사용했던 들판 오브젝트를 추가합니다.

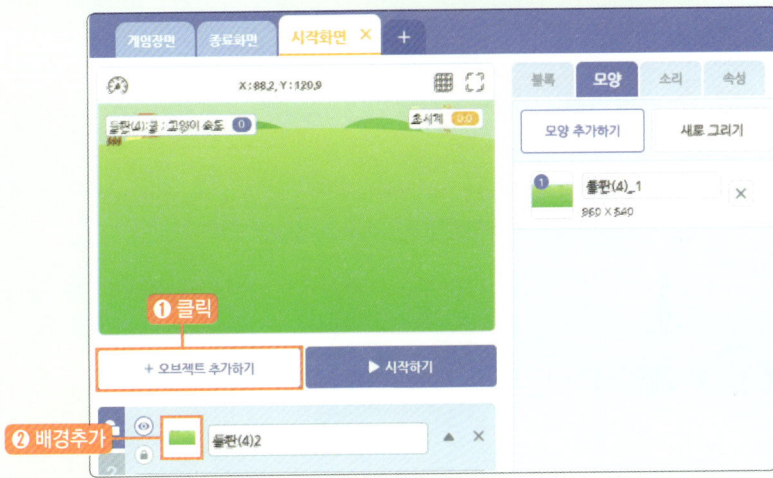

TIP
'오브젝트 추가하기' 단추를 클릭한 후 '배경' 탭에서 '들판(4)' 배경을 추가합니다.

❸ `+ 오브젝트 추가하기` 단추를 누르고 '게임시작' 글상자를 추가합니다. 오브젝트 목록에 추가되었는지 확인한 후 x의 좌표를 '-90', y의 좌표를 '-45', 크기를 '100%'로 설정합니다. 이어서, 글상자 탭을 클릭하여 원하는 폰트를 선택하고 가운데 정렬을 클릭합니다.

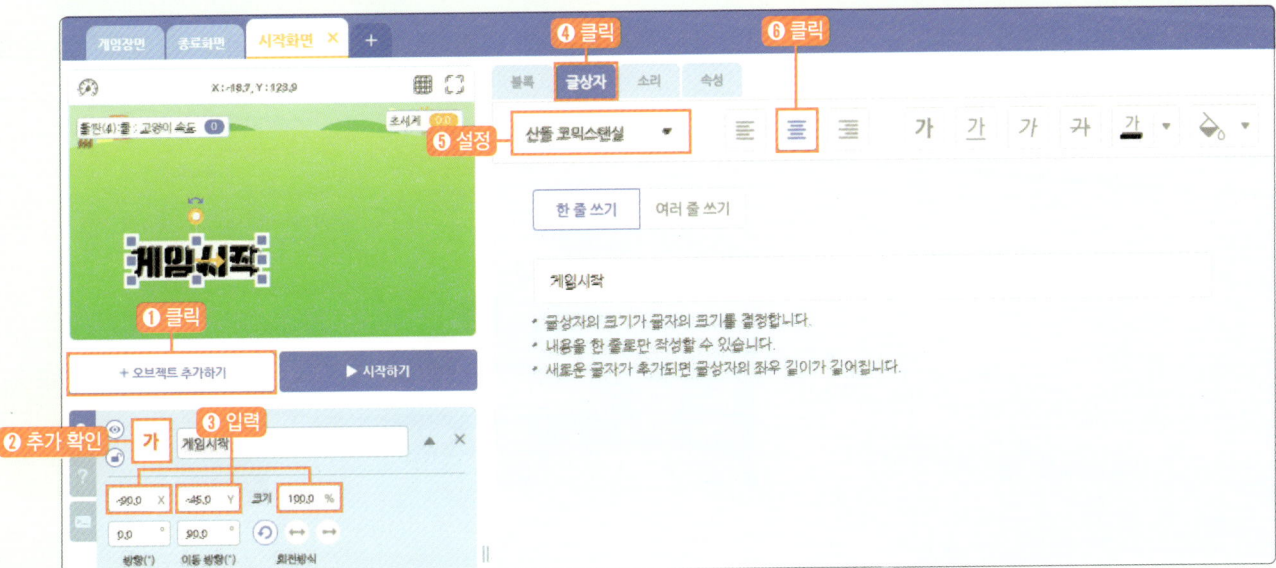

CHAPTER 17 게임 시작 화면 만들기 **107**

❹ `+오브젝트 추가하기` 단추를 누르고 '상점가기' 글상자를 추가합니다. 오브젝트 목록에 추가되었는지 확인한 후 x의 좌표를 '90', y의 좌표를 '-45', 크기를 '100%'로 설정합니다. 이어서, 글상자 탭을 클릭하여 원하는 폰트를 선택하고 가운데 정렬을 클릭합니다.

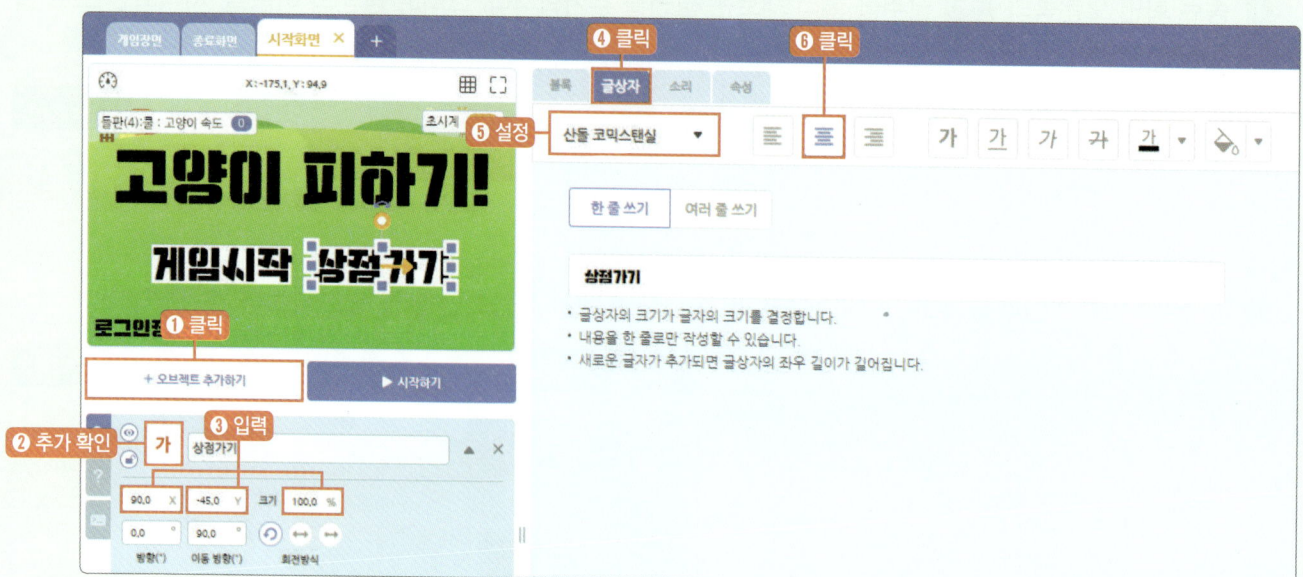

02 게임시작 단추로 게임장면 시작하기

❶ '게임시작' 글상자를 선택하고 `오브젝트 클릭을 해제했을 때`, `시작하기` 블록을 추가한 후 그림과 같이 조합, 설정합니다.

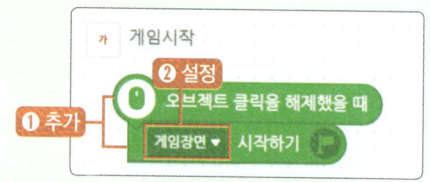

❷ [게임장면] 장면을 선택하고 '고양이' 오브젝트를 선택한 후 `시작하기 버튼을 클릭했을 때` 블록을 `장면이 시작되었을 때` 블록으로 바꿔줍니다.

❸ '쥐' 오브젝트를 선택하고 모든 ▶시작하기 버튼을 클릭했을 때 블록을 🎬 장면이 시작되었을 때 블록으로 바꿔줍니다.

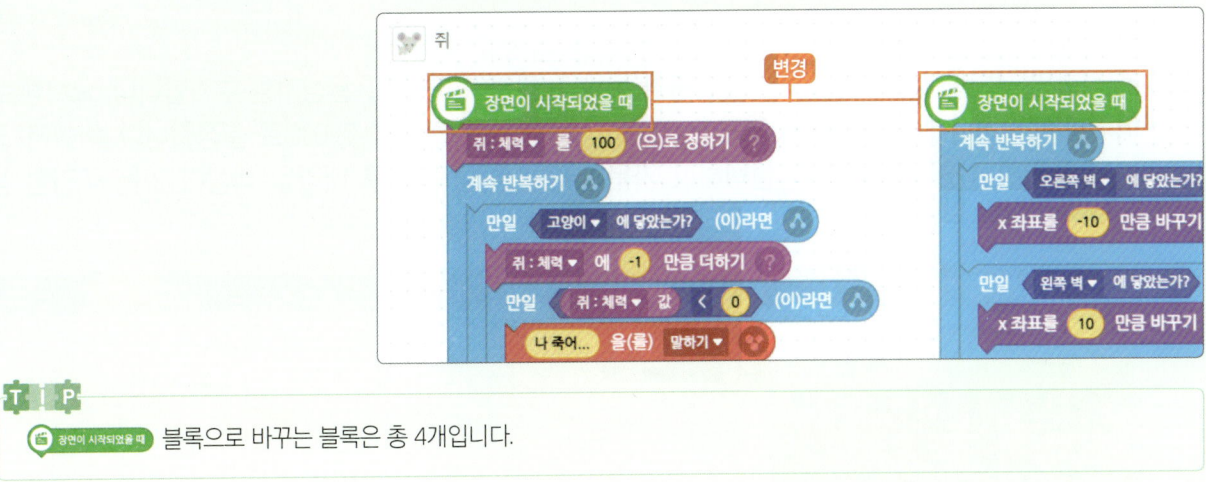

TIP
🎬 장면이 시작되었을 때 블록으로 바꾸는 블록은 총 4개입니다.

❹ '쥐_체력바' 오브젝트를 선택하고 ▶시작하기 버튼을 클릭했을 때 블록을 🎬 장면이 시작되었을 때 블록으로 바꿔 줍니다.

❺ '들판' 오브젝트를 선택하고 모든 ▶시작하기 버튼을 클릭했을 때 블록을 🎬 장면이 시작되었을 때 블록으로 바꿔 줍니다.

CHAPTER 17 게임 시작 화면 만들기 **109**

03 게임 타이틀 만들기

① [시작화면] 장면에서 ┌오브젝트 추가하기┐ 단추를 누르고 '고양이 피하기!' 글상자를 추가합니다. 오브젝트 목록에 추가되었는지 확인한 후 x의 좌표를 '0', y의 좌표를 '50', 크기를 '250%'로 설정합니다. 이어서, 글상자 탭을 클릭하여 원하는 폰트를 선택하고 가운데 정렬을 클릭한 후 배경을 색상이 없는 투명한 상태로 설정합니다.

② '고양이 피하기!' 글상자를 선택하고 ▶시작하기 버튼을 클릭했을 때, 계속 반복하기 블록을 추가한 후 그림과 같이 연결합니다.

③ 움직임 꾸러미에서 ②초 동안 방향을 ㉹ 만큼 회전하기 블록을 3개 꺼내 계속 반복하기 블록 안에 넣어주고 조건값을 아래의 그림과 같이 설정합니다.

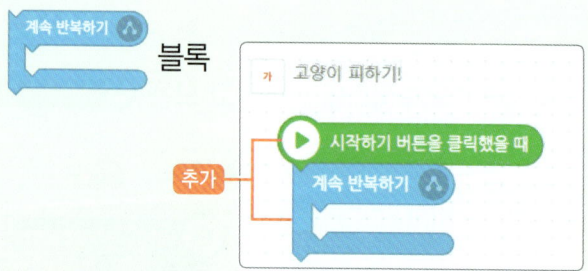

CHAPTER 17 문제해결능력 스스로 해결하기

■ 불러올 파일 : 게임 시작 화면 만들기.ent   ■ 완성된 파일 : 게임 시작 화면 꾸미기.ent

01 내 맘대로 상상하고 해결하기

미리보기 : 게임 시작 화면 꾸미기.mp4

● 게임 타이틀 위를 돌아다니는 고양이 오브젝트를 추가해서 시작화면을 더 꾸며봅니다.

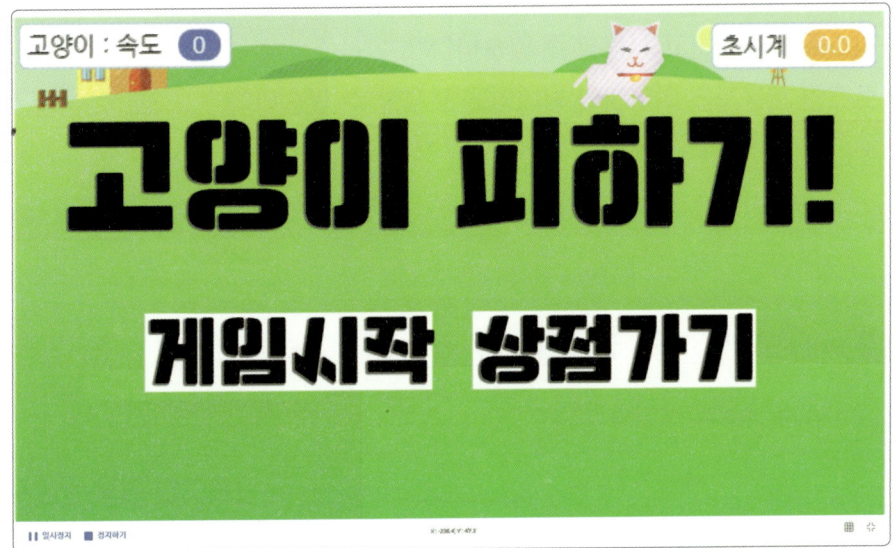

TIP
게임장면에서 만들었던 것처럼 고양이 오브젝트의 이동 블록을 조립합니다.

● 고양이를 마우스로 클릭하면 고양이 울음소리와 함께 인사하도록 만들어 보세요!

TIP
그림을 참고하여 블록을 조립합니다.

CHAPTER 18 로그인 사용자 관리하기

■ 불러올 파일 : 게임 시작 화면 만들기.ent   ■ 완성된 파일 : 로그인 사용자 관리하기.ent

이런 것 배워요!

- 리스트를 추가하고 사용할 수 있습니다.
- 로그인 사용자의 아이디와 닉네임을 표시할 수 있습니다.

▲ 미리보기 : 로그인 사용자 관리하기.mp4

컴퓨터 사고력은 순서도로 부터!

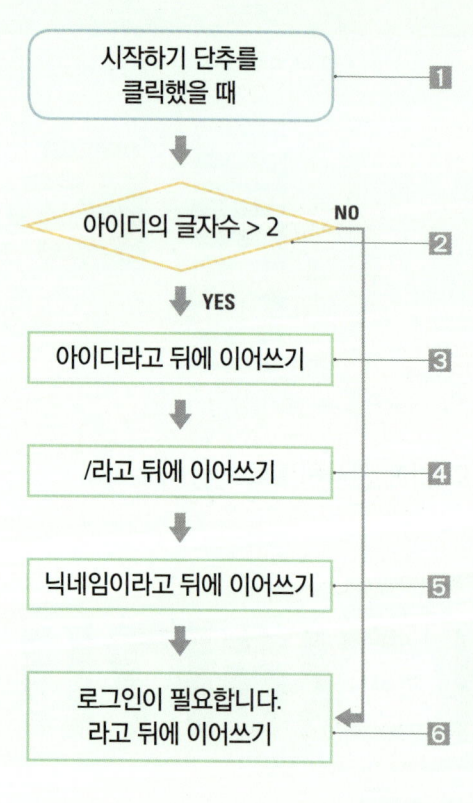

[로그인 정보 글상자]

1 시작하기 단추를 클릭했을 때 아래의 코드가 동작합니다.

2 아이디의 글자 수를 2와 비교하여 조건문이 동작합니다.

3 아이디의 글자 수가 2보다 크다면 '로그인 정보' 글상자 뒤에 아이디 값을 추가합니다.

4 '로그인정보' 글상자 뒤에 '/' 글자를 추가합니다.

5 '로그인정보' 글상자 뒤에 닉네임 값을 추가합니다.

6 아이디 글자 수가 2 이하라면 '로그인정보' 글상자 뒤에 '로그인이 필요합니다.'라고 글자를 추가합니다.

01 로그인 정보 표시하기

❶ [시작화면] 장면에서 `+오브젝트 추가하기` 단추를 누르고 '로그인정보:' 글상자를 추가합니다. 오브젝트 목록에 추가되었는지 확인한 후 x의 좌표를 '-230', y의 좌표를 '-115', 크기를 '70%'로 설정합니다. 이어서, 글상자 탭을 클릭하여 원하는 폰트를 선택하고 왼쪽 정렬을 클릭한 후 배경을 색상이 없는 투명한 상태로 설정합니다.

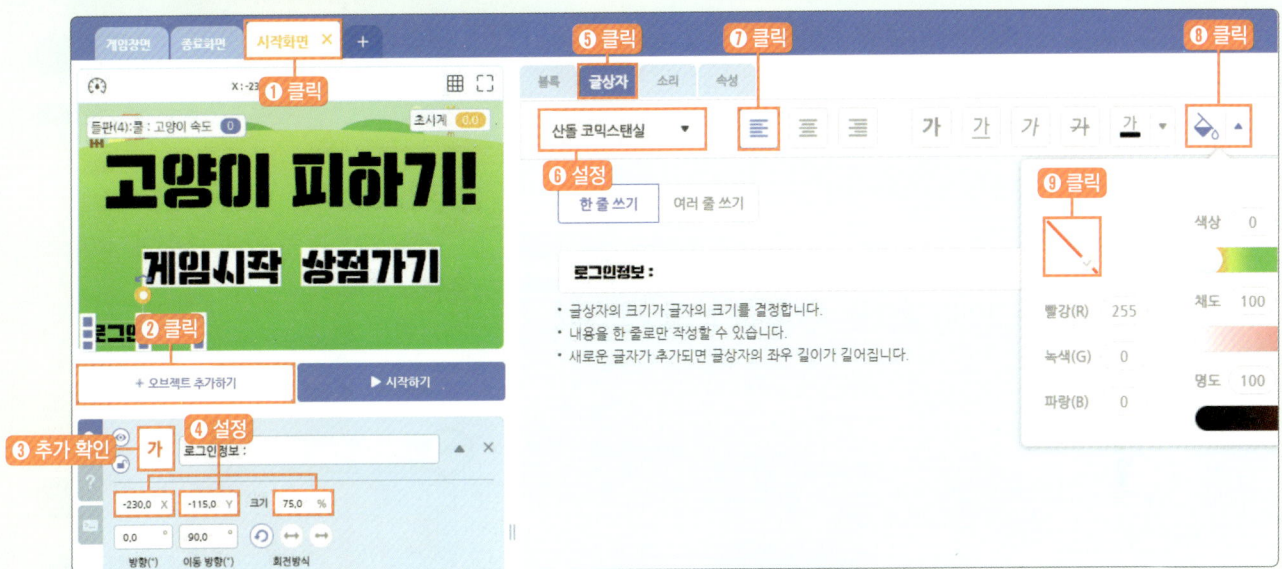

❷ '로그인정보 : ' 글상자를 선택하고 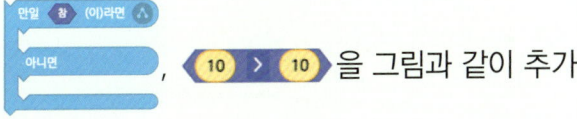 을 그림과 같이 추가합니다.

❸ `아이디`, `엔트리 의 글자 수` 블록을 그림과 같이 합하여 부등식의 왼쪽에, 숫자 '2'를 부등식의 오른쪽에 입력합니다.

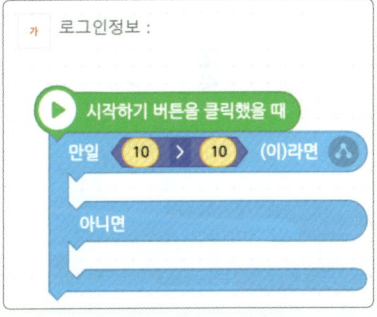

CHAPTER 18 로그인 사용자 관리하기 **113**

❹ [글상자] 블록 꾸러미의 ![블록] 블록을 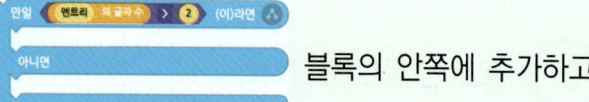 블록의 안쪽에 추가하고
![아이디] 블록을 꺼내 조건값에 그림과 같이 넣어줍니다.

❺ [글상자] 블록 꾸러미에서 ![블록] 블록을 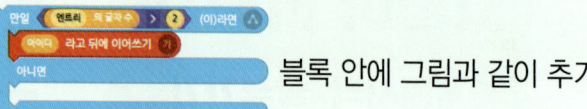 블록 안에 그림과 같이 추가하고 조건값에 '로그인이 필요합니다.'라고 입력해 줍니다.

❻ ![엔트리 라고 뒤에 이어쓰기] 블록을 꺼내 ![아이디 라고 뒤에 이어쓰기] 아래에 2개를 추가하고 조건값에 '/', ![닉네임] 블록을 그림과 같이 넣어줍니다.

02 신규 사용자 리스트에 등록하기

① '들판(4) 2' 오브젝트를 선택하고 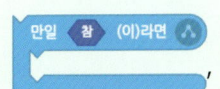 블록을 그림과 같이 추가합니다.

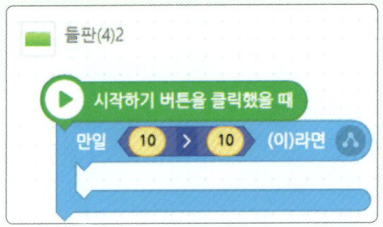

② 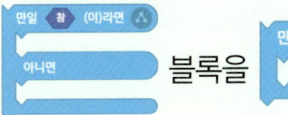 블록을 조립하여 블록의 왼쪽에 추가하고 블록의 오른쪽 조건값은 '2'로 설정합니다.

③ 흐름 꾸러미에서 블록을  블록의 안쪽에 추가합니다.

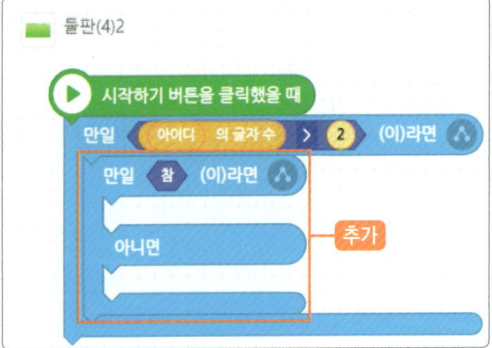

❹ [속성] 탭을 눌러 '리스트' 항목을 선택하고 '공유 리스트로 사용 (서버에 저장)' 옵션을 선택한 후 '로그인 사용자 목록' 리스트를 추가합니다.

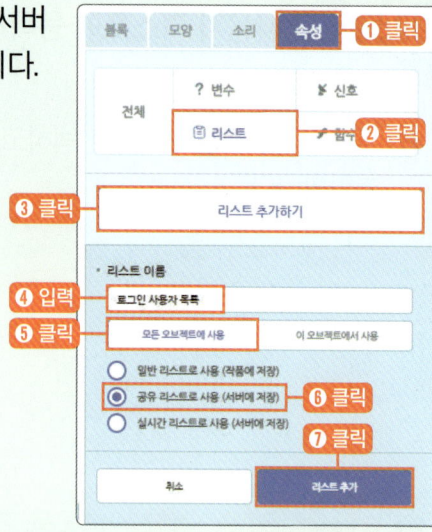

❺ 블록을 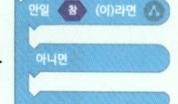 블록 안에 합쳐 추가하고 각 조건값을 그림과 같이 설정합니다.

❻ 블록의 조건 부분에 블록을 추가하고 그림과 같이 을 조건값에 넣어줍니다.

TIP
처음 생성한 '로그인 사용자 목록' 리스트는 비어있는 상태이므로 방금 로그인한 사용자의 아이디는 리스트에 포함되어 있을 수 없습니다. 따라서 방문한 사용자 아이디가 '아니면' 블록의 코드에 따라 리스트의 첫 번째 항목에 추가되게 됩니다.

CHAPTER 18 문제해결능력 스스로 해결하기

■ 불러올 파일 : 없음 ■ 완성된 파일 : 없음

01 내 맘대로 상상하고 해결하기

● 'playentry.org' 사이트에 접속하고 로그인한 본인의 아이디와 닉네임이 정상적으로 표시되는지 확인하고 자신이 만든 파일을 불러와 봅니다.

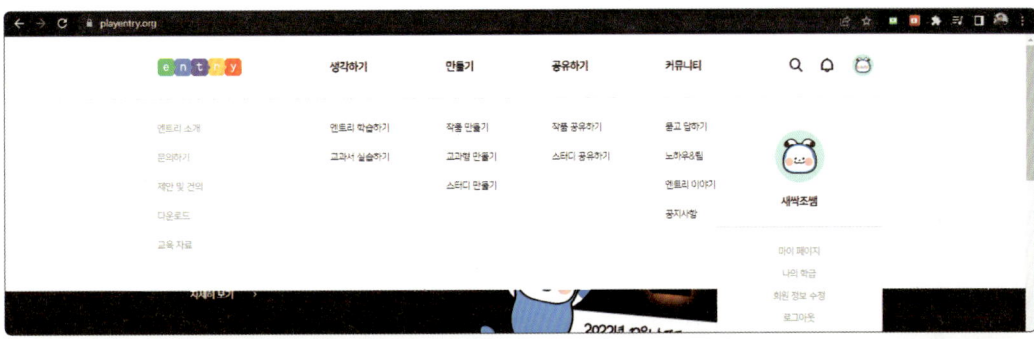

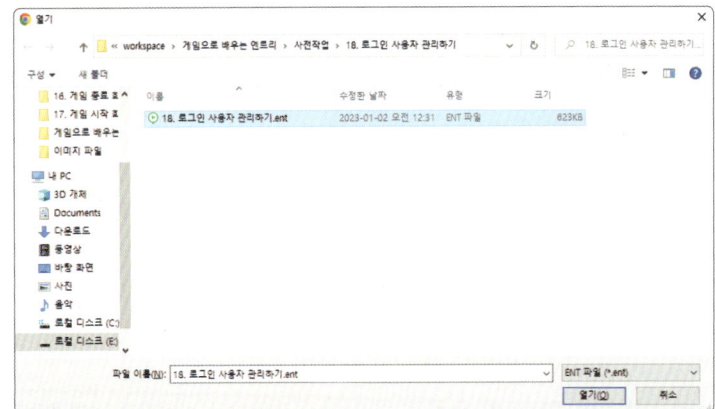

자신이 만들고 저장한 폴더에서 자신의 파일을 불러온 후 잘 불러와지는지 확인해 봅니다.

CHAPTER 19 고양이 잡고 돈도 벌고

■ 불러올 파일 : 로그인 사용자 관리하기.ent   ■ 완성된 파일 : 고양이 잡고 돈도 벌고.ent

이런걸 배워요!

● 변수를 이용하여 다른 오브젝트의 속도를 조절할 수 있습니다.
● 변수를 이용하여 복제되는 오브젝트의 수를 제한할 수 있습니다.

▲ 미리보기 :
고양이 잡고 돈도 벌고.mp4

컴퓨터 사고력을 순서도로 부터!

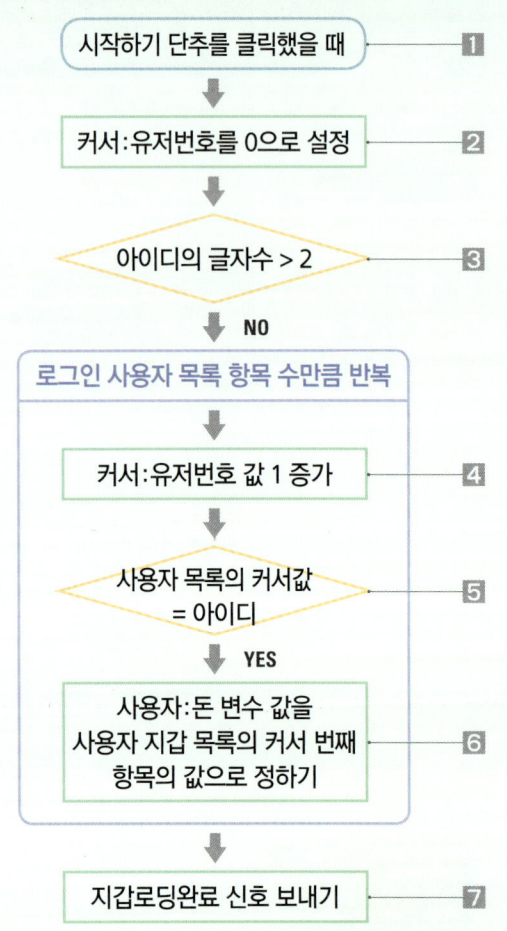

[쥐 오브젝트]

1. 시작하기 단추를 클릭했을 때 아래의 코드가 실행됩니다.

2. 변수 '커서:유저번호' 값을 0으로 설정합니다.

3. 아이디의 글자수가 2보다 크지 않으면 아래의 코드가 실행됩니다.

― 로그인 사용자 목록 항목 수만큼 반복 ―

4. 변수 '커서:유저번호'의 값을 1 증가시킵니다.

5. 사용자 목록의 커서번 째 항목의 값이 현재 로그인한 사용자의 아이디와 동일한 경우 아래의 코드가 동작합니다.

6. 현재 로그인한 사용자의 보유 금액 표시를 위한 변수 '사용자:돈' 변수의 값을 '사용자 지갑 목록' 리스트의 커서 번째 항목 값으로 설정합니다.

7. 지갑로딩 완료 신호를 보냅니다.

01 사용자의 보유 금액을 표시하기

❶ [시작화면] 장면을 열고 [속성] 탭에서 '고양이 : 속도' 변수를 단추를 눌러 숨겨준 후 초시계를 드래그하여 왼쪽으로 옮깁니다.

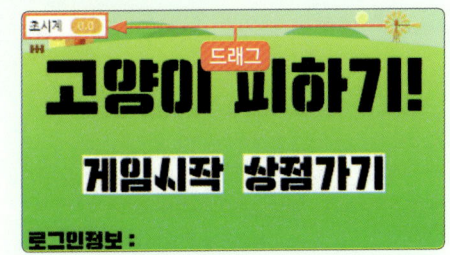

❷ `+ 오브젝트 추가하기` 단추를 누르고 '$' 글상자를 추가합니다. 오브젝트 목록에 추가되었는지 확인한 후 x의 좌표를 '230', y의 좌표를 '110', 크기를 '30%'로 설정합니다. 이어서, 글상자 탭을 클릭하여 원하는 폰트를 선택하고 가운데 정렬을 클릭한 후 배경을 색상이 없는 투명한 상태로 설정합니다.

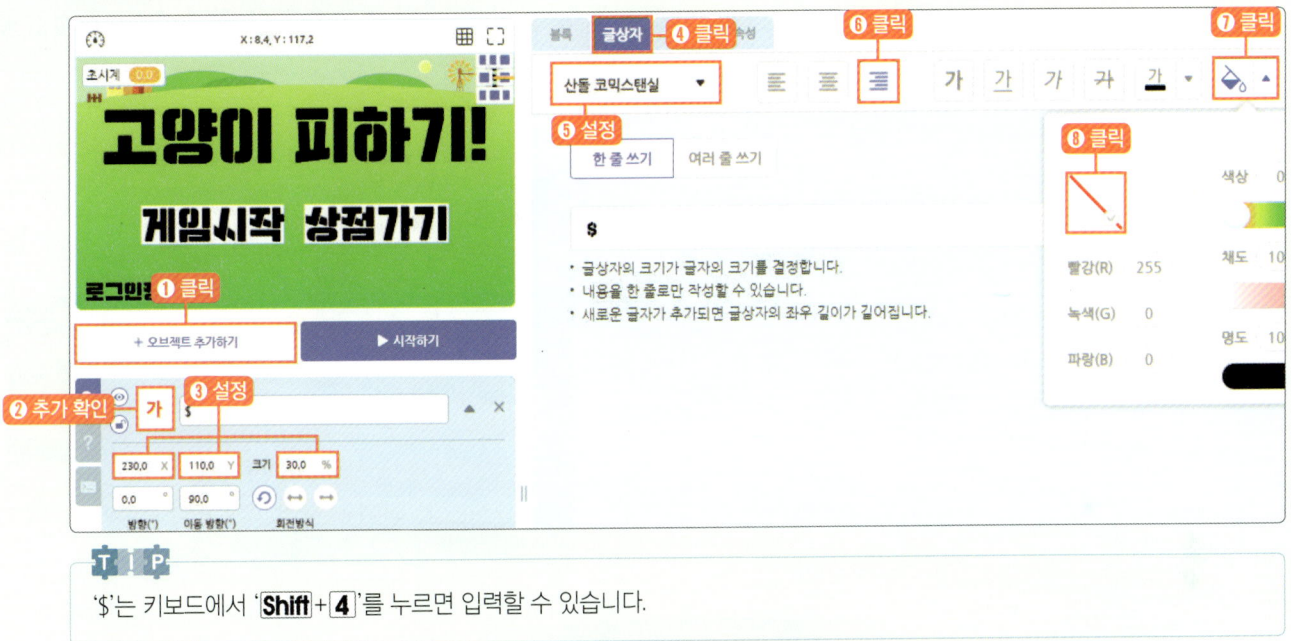

TIP '$'는 키보드에서 'Shift'+'4'를 누르면 입력할 수 있습니다.

❸ '들판(4) 2' 오브젝트를 선택하고 `만일 로그인 사용자 목록에 아이디 이 포함되어 있는가?(이)라면 / 아니면 / 아이디 을(를) 로그인 사용자 목록의 1 번째에 넣기` 블록의 아래에 `10 번 반복하기` 블록을 추가합니다. 이어서, `항목 수` 블록을 꺼내 횟수 조건값에 추가한 후 리스트값을 '로그인 사용자 목록'으로 설정합니다.

❹ [속성] 탭을 누르고 모든 오브젝트에서 사용 가능한 '커서:유저번호' 변수를 추가합니다.

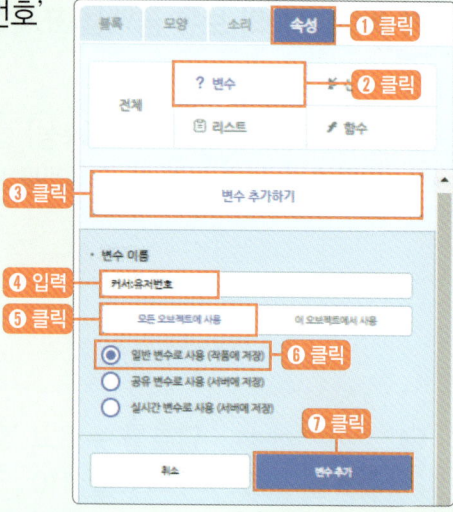

❺  블록을 꺼내 시작하기 버튼을 클릭했을 때 블록 바로 아래에 추가하고 그림과 같이 조건값을 입력합니다.

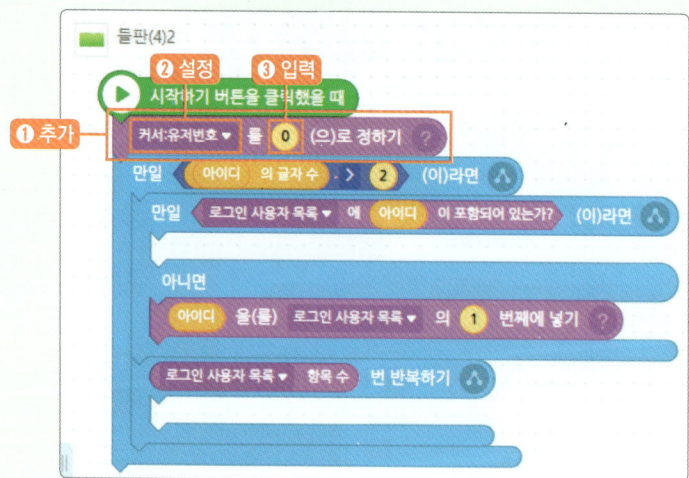

❻ 에 10 만큼 더하기 블록을 로그인 사용자 목록 항목 수 번 반복하기 블록의 안쪽에 추가하고 그림과 같이 조건값을 입력합니다.

❼ `만일 참 (이)라면`, `10 = 10` 블록을 꺼내 `커서:유저번호▼ 에 1 만큼 더하기` 블록 아래에 그림과 같이 추가하고 `10 = 10` 블록의 왼쪽에는 `의 1 번째 항목` 블록과 `커서:유저번호▼ 값` 블록을 합한 블록을, 오른쪽에는 `아이디` 블록을 조건값으로 넣습니다.

❽ [속성] 탭을 누르고 모든 오브젝트에서 사용 가능한 '로그인 사용자 지갑' 리스트를 추가하고 '공유 리스트로 사용 (서버에 저장)' 옵션을 선택해 줍니다.

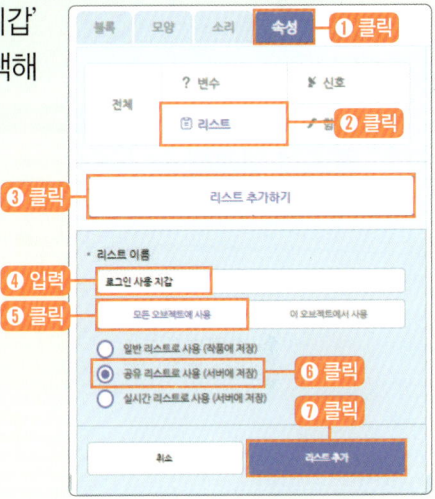

❾ [속성] 탭에서 모든 오브젝트에서 사용 가능한 '사용자:돈' 변수를 추가하고 '일반 변수로 사용 (작품에 저장)' 옵션을 선택해 줍니다.

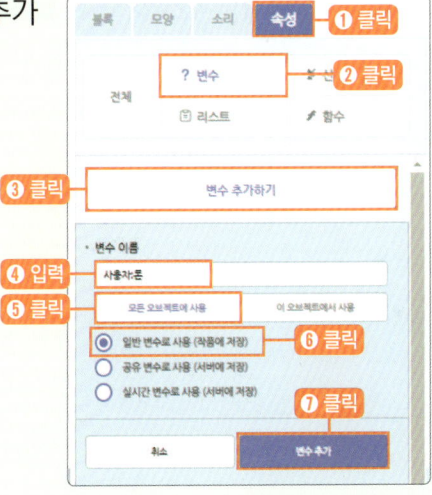

⑩ 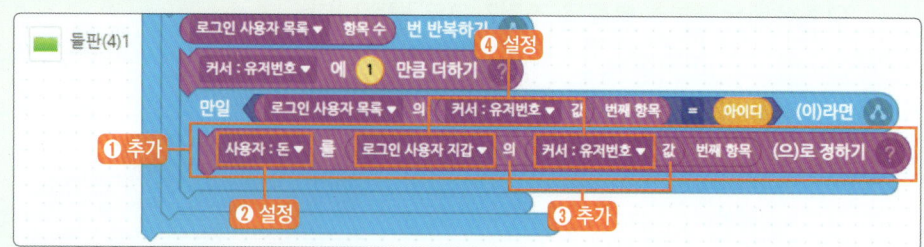 블록을 그림에 표시된 위치에 추가하고 변수값을 '사용자:돈'으로, 조건값은 아래의 그림과 같이 조립한 `로그인 사용 지갑 의 커서:유저번호 값 번째 항목` 블록으로 설정해 줍니다.

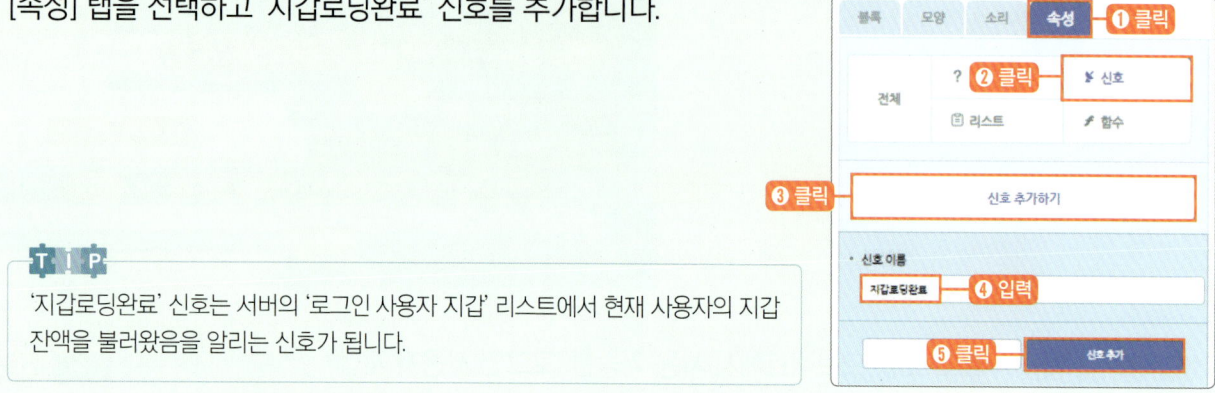

⑪ [속성] 탭을 선택하고 '지갑로딩완료' 신호를 추가합니다.

TIP
'지갑로딩완료' 신호는 서버의 '로그인 사용자 지갑' 리스트에서 현재 사용자의 지갑 잔액을 불러왔음을 알리는 신호가 됩니다.

⑫ 시작 꾸러미에서 `신호 보내기` 블록을 꺼내 그림에 표시된 위치에 추가하고 보낼 신호를 '지갑로딩 완료'로 설정해 줍니다.

⑬ '$' 글상자를 선택하고 `신호를 받았을 때`, `엔트리 라고 뒤에 이어쓰기 가`, `값` 블록을 추가한 후 그림과 같이 조건값을 설정합니다.

CHAPTER 19 문제해결능력 스스로 해결하기

■ 불러올 파일 : 없음   ■ 완성된 파일 : 없음

01 내 맘대로 상상하고 해결하기

- 'playentry.org' 사이트에 접속하여 온라인 엔트리에 작품을 올리고 코드를 실행시켜 봅니다.

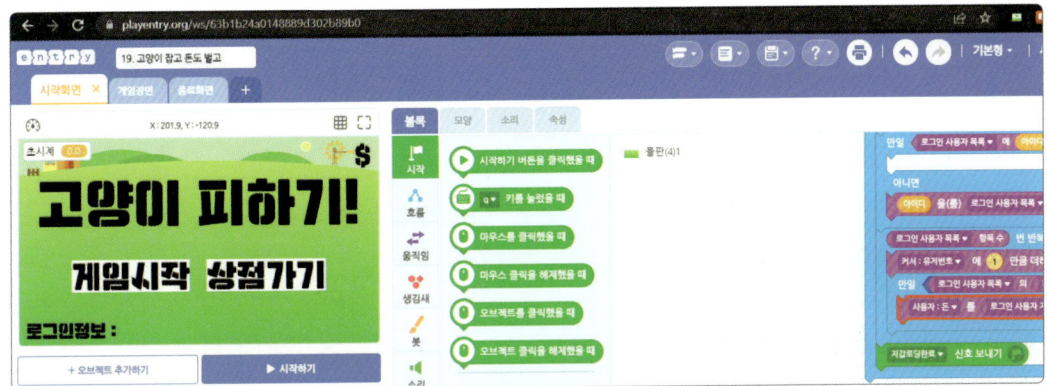

- 코드를 실행하면 아래와 같이 경고 메시지가 발생하며 게임이 정상적으로 실행되지 않음을 확인할 수 있습니다.

- 이 문제가 발생한 이유는 무엇일까요? 그리고 코드가 정상적으로 동작하게 만드려면 어떻게 해야할까요?

CHAPTER 20 고양이 잡고 돈도 벌고 - 2

■ 불러올 파일 : 고양이 잡고 돈도 벌고.ent　　■ 완성된 파일 : 고양이 잡고 돈도 벌고-2.ent

이런 것 배워요!

- 변수에 게임의 진행 상황을 저장할 수 있습니다.
- 저장된 변수를 이용하여 게임 종료 화면에 결과를 표시할 수 있습니다.

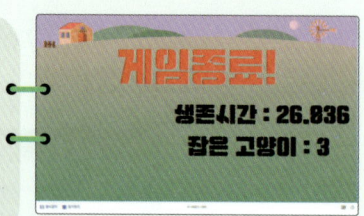

▲ 미리보기 : 고양이 잡고 돈도 벌고-2.mp4

컴퓨터 사고력은 순서도로 부터!

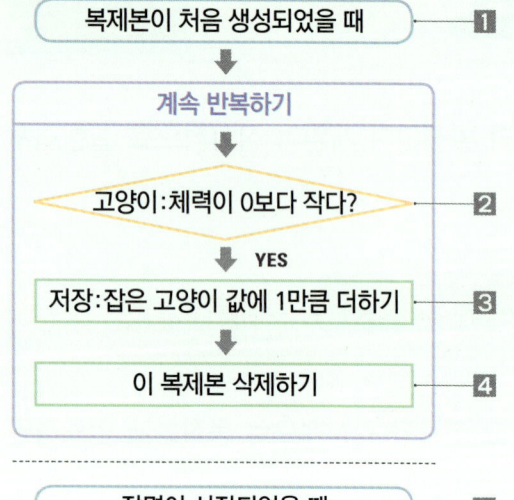

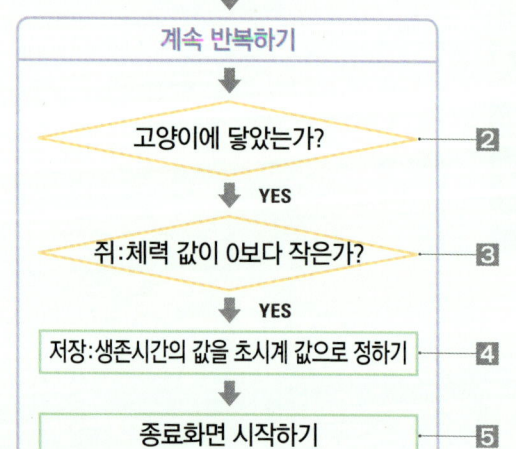

[고양이 오브젝트]

1 복제본이 처음 생성되었을 때 아래의 코드가 동작합니다.

— 계속 반복하기 —

2 고양이의 체력이 0보다 작은 경우 아래의 코드가 동작합니다.

3 '저장:잡은고양이' 변수의 값을 1만큼 더합니다.

4 이 복제본을 삭제합니다.

[쥐 오브젝트]

1 장면이 시작되었을 때 아래의 코드가 동작합니다.

— 계속 반복하기 —

2 고양이에 쥐가 닿으면 아래의 코드가 동작합니다.

3 쥐의 체력값이 0보다 작으면 아래의 코드가 동작합니다.

4 '저장:생존시간' 변수의 값을 초시계 값으로 설정합니다.

5 종료화면을 시작합니다.

01 저장에 필요한 변수 추가하기

❶ [속성] 탭을 눌러 '저장:잡은고양이' 변수와 '저장:생존시간' 변수를 추가하고 설정값은 그림과 같이 설정합니다.

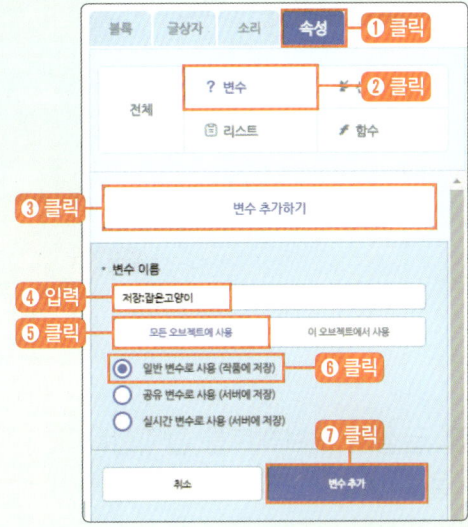
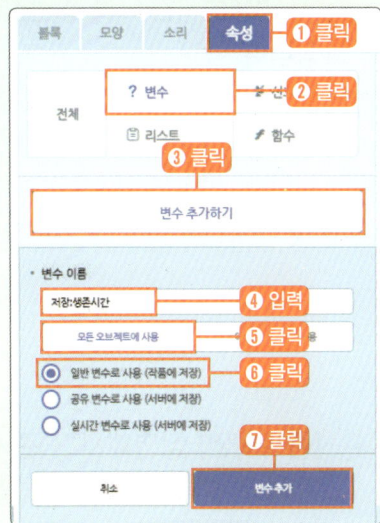

02 잡은 고양이 값 기록하기

❶ [게임장면] 장면을 열어 고양이 오브젝트를 선택하고 `룰 10 (으)로 정하기` 블록을 꺼내 그림에 표시된 위치에 추가한 후 그림과 같이 값을 설정합니다.

❷ `에 10 만큼 더하기` 블록을 꺼내 코드 목록 아래쪽에 있는 `이 복제본 삭제하기` 블록 바로 위에 추가하고 그림과 같이 값을 설정합니다.

CHAPTER 20 고양이 잡고 돈도 벌고-2

03 쥐의 생존시간 저장하기

❶ 쥐 오브젝트를 선택합니다. `■를 10 (으)로 정하기` 블록을 꺼내 `종료화면▼ 시작하기` 블록 위에 추가하고 변수값을 '저장:생존시간'으로 조건값을 `초시계 값` 블록으로 설정합니다.

❷ [종료화면] 장면에서 '생존시간' 글상자 오브젝트를 클릭합니다. 이어서, `엔트리 라고 뒤에 이어쓰기 가` 블록을 꺼내 `모양 보이기` 블록 위에 추가하고 `값` 블록을 그림에 표시된 위치에 넣은 후 변수값을 설정합니다.

04 잡은 고양이 수 표시하기

❶ '잡은 고양이' 글상자 오브젝트를 클릭합니다. `엔트리 라고 뒤에 이어쓰기 가`, `값` 블록을 꺼내고 합쳐서 그림에 표시된 위치에 추가 후 변수값을 설정합니다. 이어서, `1 번째 항목을 10 (으)로 바꾸기` 블록을 꺼내 `저장:잡은고양이▼ 값 라고 뒤에 이어쓰기 가` 블록 아래에 추가하고 리스트값을 '로그인 사용자 지갑'으로 설정해 줍니다.

❷ '~번째 항목' 조건값에 `값` 블록을 넣어주고 그림과 같이 변수값을 설정합니다.

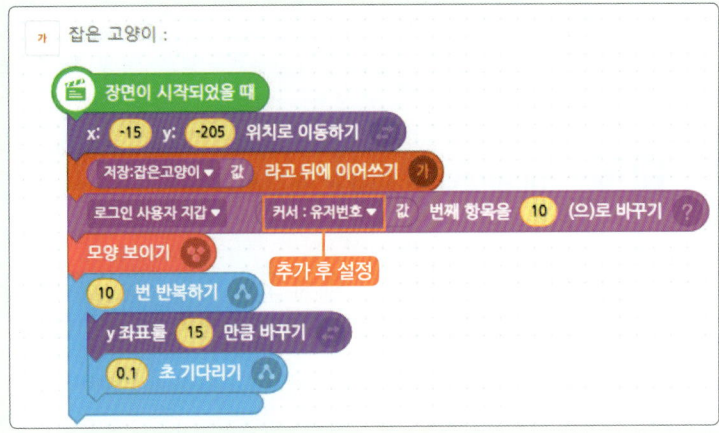

❸ `10 + 10` 블록을 꺼내 남은 조건값에 넣어주고 `10 + 10` 블록 앞쪽에 `의 1 번째 항목` 블록과 `값` 블록을 합쳐 넣어준 후 그림과 같이 리스트 값과 변수 값을 설정해 줍니다.

❹ `10 + 10` 블록의 뒤쪽에는 `값` 블록을 넣어주고 변수 값을 그림과 같이 설정합니다.

CHAPTER 20 고양이 잡고 돈도 벌고-2

CHAPTER 20  스스로 해결하기

📁 불러올 파일 : 고양이 잡고 돈도 벌고-2.ent   📁 완성된 파일 : 없음

01 내 맘대로 상상하고 해결하기

- 엔트리 홈페이지에서 오늘 만든 게임을 불러오고 게임을 실행하여 실제로 고양이를 잡은 만큼 금액이 늘어나는 것을 확인해 봅니다.

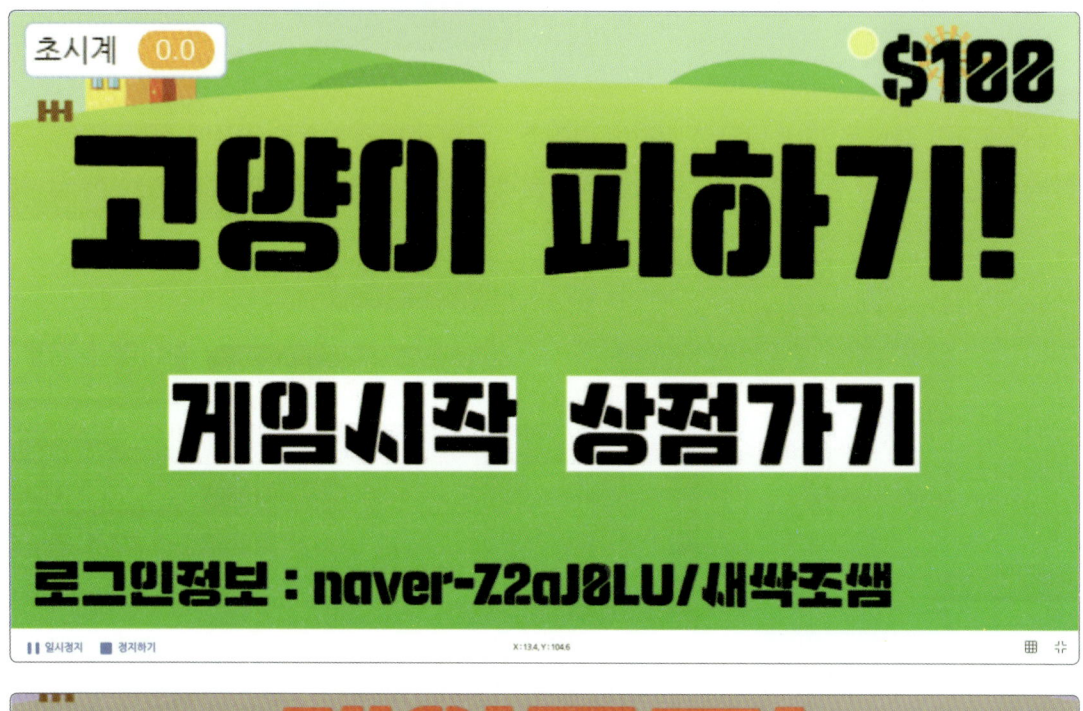

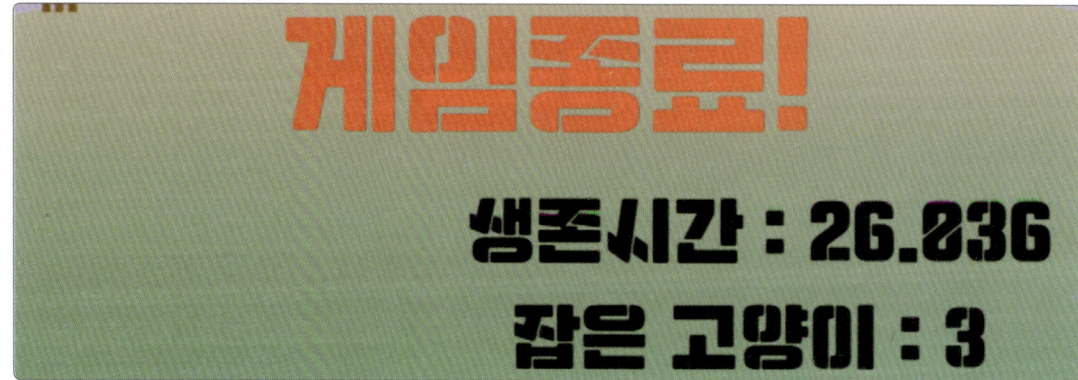

MEMO

상점화면 만들기

■ 불러올 파일 : 고양이 잡고 돈도 벌고-2.ent   ■ 완성된 파일 : 상점화면 만들기.ent

이런 걸 배워요!

- 오브젝트 클릭을 통해 아이템의 구매 이벤트를 처리할 수 있습니다.
- 변수의 값을 조정하고, 서버에 저장된 리스트에 값을 업데이트할 수 있습니다.

▲ 미리보기 : 상점화면 만들기.mp4

컴퓨터 사고력은 순서도로 부터!

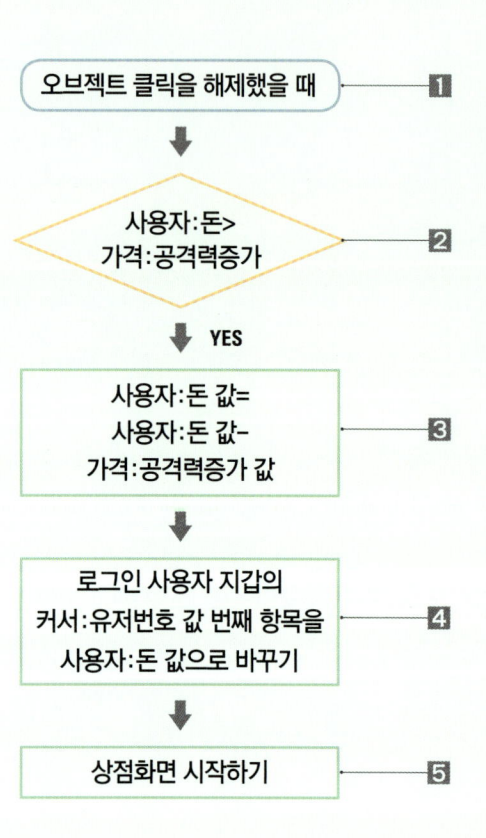

[공격력 증가 아이콘 오브젝트]

1️⃣ 오브젝트 클릭을 해제했을 때 아래의 코드가 동작합니다.

2️⃣ '사용자:돈' 변수의 값이 '가격:공격력증가' 변수의 값보다 클 때, 아래의 코드가 동작합니다.

3️⃣ '사용자:돈' 변수의 값을 '가격:공격력증가' 값만큼 감소시킵니다.

4️⃣ 구매 후 줄어든 '사용자:돈' 값을 서버에 저장된 '로그인 사용자 지갑' 리스트에 업데이트해 줍니다.

5️⃣ '상점화면' 장면을 다시 시작합니다.

01 새로운 사용자의 지갑 등록

❶ [시작화면] 장면의 '들판' 오브젝트를 선택합니다. 블록을 꺼내 블록 아래에 추가하고 조건값을 그림과 같이 입력합니다.

02 상점 화면 추가하기

❶ [상점화면] 장면을 새롭게 추가하고 [+ 오브젝트 추가하기] 단추를 눌러 배경 이미지 '지도'를 추가합니다.

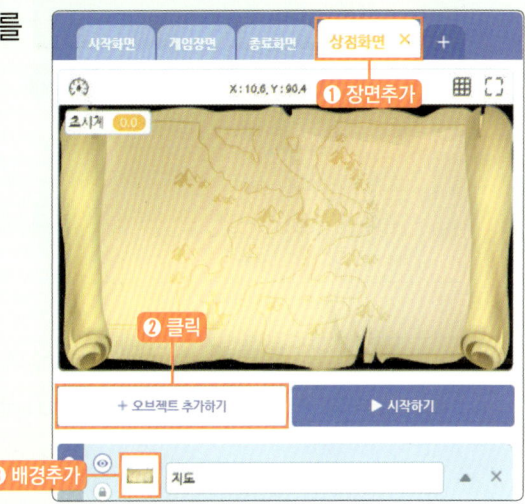

❷ [시작화면] 장면을 선택하고 '상점가기' 오브젝트를 클릭합니다. 블록을 새로 추가하고 그 아래에 블록을 붙여 넣은 후 조건값을 '상점화면'으로 설정해 줍니다.

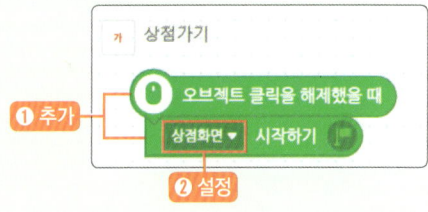

③ [상점화면] 장면을 클릭하고 오브젝트 추가하기 단추를 클릭한 후 공격력증가 아이콘으로 사용할 '불(2)' 오브젝트를 추가합니다. 추가한 오브젝트의 이름을 그림과 같이 변경하고 'x : -120', 'y : -20', '크기 : 91%'로 설정해 줍니다.

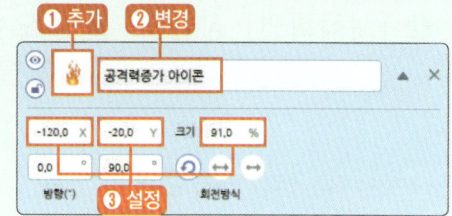

④ 오브젝트 추가하기 단추를 누르고 '$10' 글상자를 추가합니다. 오브젝트 목록에 추가되었는지 확인한 후 오브젝트 이름을 '공격력증가 가격'이라고 변경해줍니다.

⑤ '공격력증가 가격' 오브젝트의 x의 좌표를 '-120', y의 좌표를 '-90', 크기를 '40%'로 설정합니다. 이어서, 글상자 탭을 클릭하여 원하는 폰트를 선택하고 가운데 정렬을 클릭한 후 배경을 색상이 없는 투명한 상태로 설정합니다.

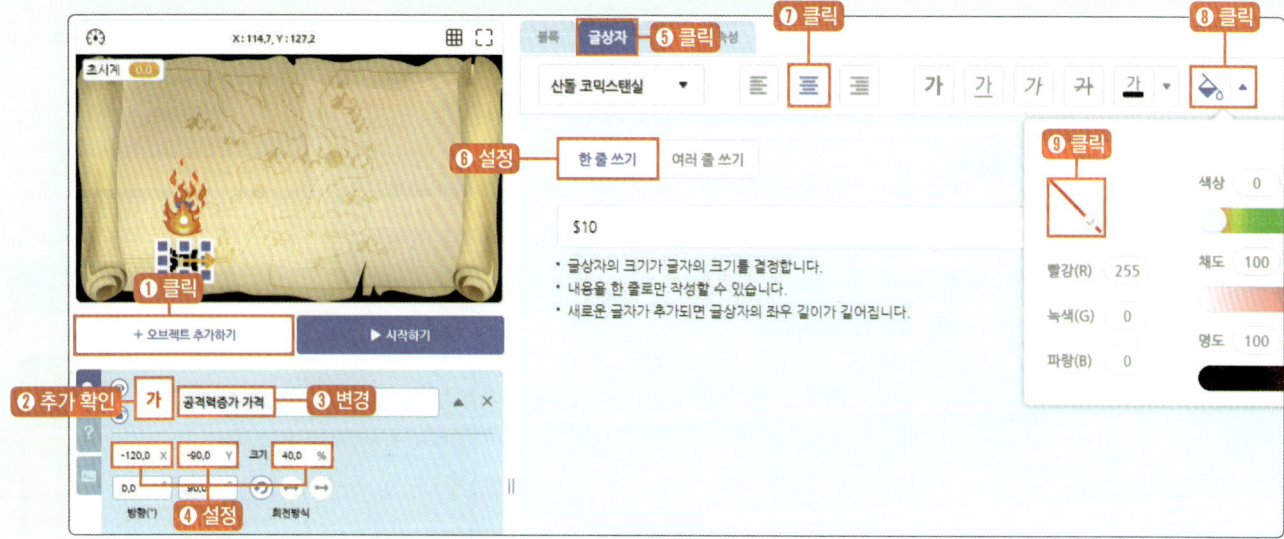

⑥ 오브젝트 추가하기 단추를 누르고 '$' 글상자를 추가합니다. 오브젝트 목록에 추가되었는지 확인한 후 오브젝트 이름을 '사용자 지갑 잔액'이라고 변경해줍니다.

❼ '사용자 지갑 잔액' 오브젝트의 x의 좌표를 '160', y의 좌표를 '90, 크기를 '30%'로 설정합니다. 이어서, 글상자 탭을 클릭하여 원하는 폰트를 선택하고 오른쪽 정렬을 클릭한 후 배경을 색상이 없는 투명한 상태로 설정합니다.

❽ '사용자 지갑 잔액' 오브젝트를 선택하고 [장면이 시작되었을 때], [엔트리 라고 글쓰기] 블록을 추가한 후 조건값을 '$'로 입력합니다. 이어서, [엔트리 라고 뒤에 이어쓰기] 블록을 추가하고 조건값에 [값] 블록을 넣은 후 그림과 같이 변수값을 설정합니다.

❾ [속성] 탭을 누르고 모든 오브젝트에서 사용 가능한 '가격 : 공격력증가' 변수를 작품에 저장되는 일반 변수로 추가합니다.

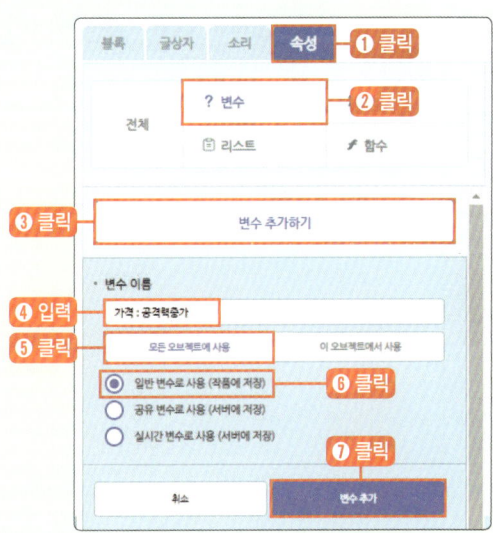

CHAPTER 21 상점화면 만들기 133

⑩ '지도' 오브젝트를 선택하고 [장면이 시작되었을 때] 블록을 추가합니다. [를 10 (으)로 정하기] 블록을 그 아래에 추가하고 변수값을 '가격 : 공격력증가', 조건값을 '10'으로 입력합니다.

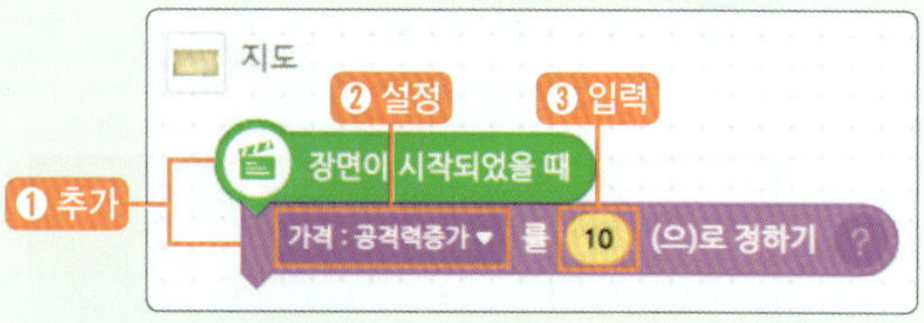

⑪ '공격력증가 아이콘' 오브젝트를 선택하고 [오브젝트 클릭을 해제했을 때], [만일 참 (이)라면] 블록을 추가한 후 조건값에 [10 ≥ 10]을 추가합니다. 양쪽 조건값에 [값] 블록을 넣고 변수값을 그림과 같이 설정합니다.

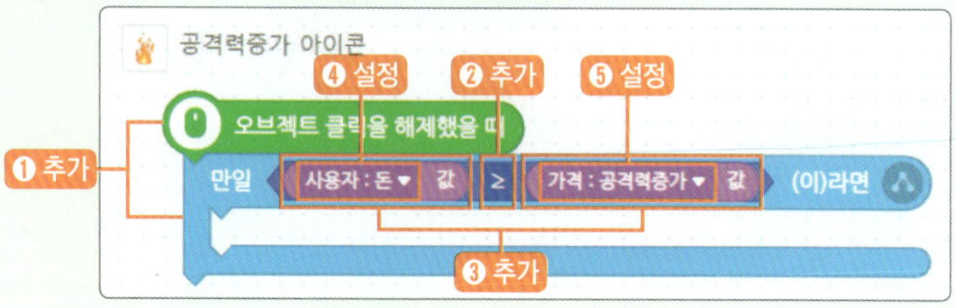

⑫ [를 10 (으)로 정하기] 블록을 그림에 표시된 위치에 추가하고 변수값을 '사용자:돈'으로 설정해 줍니다. 이어서, 조건값에 [10 - 10] 블록을 꺼내 추가하고 양쪽에 [값] 블록을 넣은 후 변수값을 그림과 같이 설정합니다.

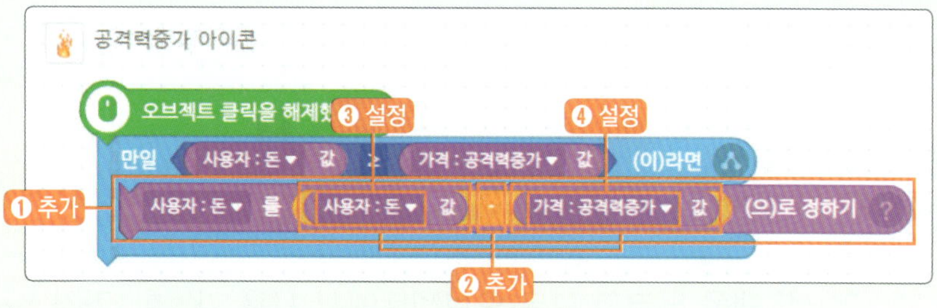

⑬ [1 번째 항목을 10 (으)로 바꾸기], [값] 블록을 그림에 표시된 위치에 추가하고 맨 앞의 리스트 값과 조건값을 그림과 같이 설정합니다. 이어서, 그 아래에 [시작하기] 블록을 추가하고 장면값을 '상점화면'으로 설정해 줍니다.

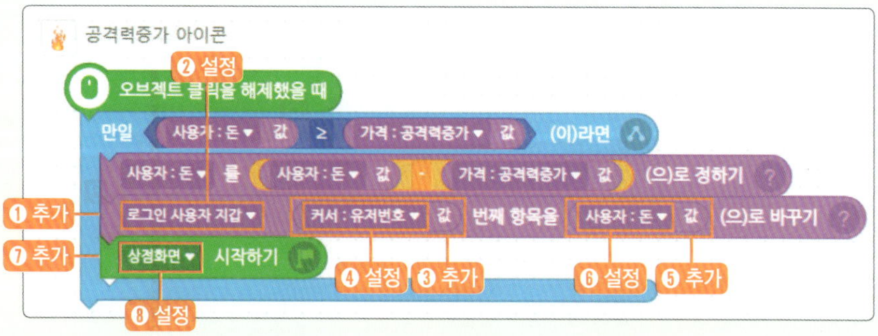

CHAPTER 21 문제해결능력 스스로 해결하기

■ 불러올 파일 : 상점화면 만들기.ent   ■ 완성된 파일 : 없음

01 내 맘대로 상상하고 해결하기

● 온라인 작품 만들기에서 오늘 만든 프로그램을 불러오고, '로그인 사용자 지갑' 리스트에서 자신의 지갑에 돈을 추가해 봅니다. 이어서, 상점 페이지에 들어가 '공격력 증가' 아이템을 구매하고 다시 게임을 실행시킨 후 돈이 정상적으로 줄어들어 있음을 확인해 봅니다.

CHAPTER 22 아이템 구매하기

■ 불러올 파일 : 상점화면 만들기.ent   ■ 완성된 파일 : 아이템 구매하기.ent

이런걸 배워요!

- 서버에 저장된 사용자의 공격력을 조절할 수 있습니다.
- 서버에서 불러온 사용자의 공격력을 게임에 적용할 수 있습니다.

▲ 미리보기 : 아이템 구매하기.mp4

컴퓨터 사고력은 순서도로 부터!

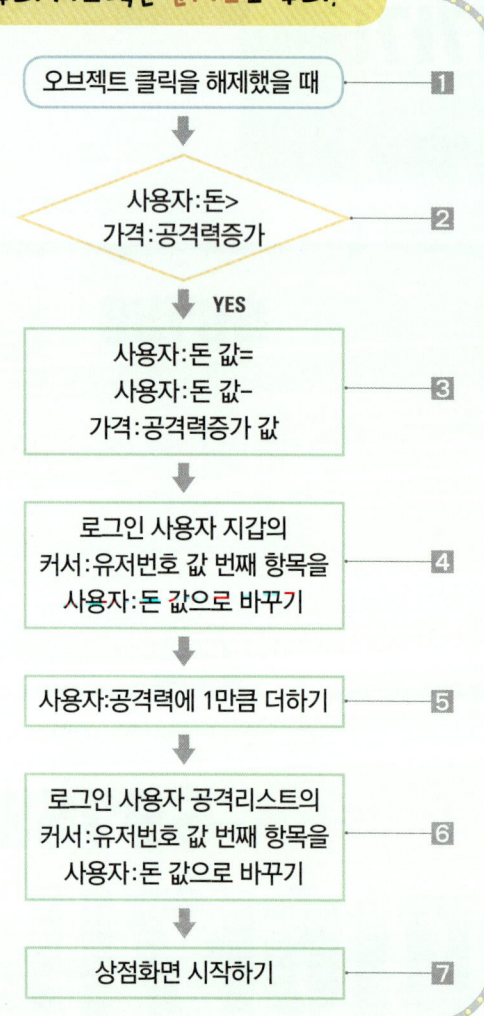

[공격력 증가 아이콘 오브젝트]

1. 오브젝트 클릭을 해제했을 때 아래의 코드가 동작합니다.

2. '사용자:돈' 변수의 값이 '가격:공격력증가' 변수의 값보다 클 때, 아래의 코드가 동작합니다.

3. '사용자:돈' 변수의 값을 '가격:공격력증가' 값 만큼 감소시킵니다.

4. 구매 후 줄어든 '사용자:돈' 값을 서버에 저장된 '로그인 사용자 지갑' 리스트에 업데이트해 줍니다.

5. '사용자:공격력' 변수의 값을 1 증가시킵니다.

6. 아이템 구매 후 증가된 사용자의 공격력 값을 서버에 저장된 '로그인 사용자 공격' 리스트에 업데이트해 줍니다.

7. '상점화면' 장면을 다시 시작합니다.

01 아이템 구매로 공격력 증가시키기

❶ [상점화면] 장면을 선택하고 `+ 오브젝트 추가하기` 단추를 누른 후 '공격력 증가' 글상자를 추가합니다. 오브젝트 목록에 추가되었는지 확인한 후 x의 좌표를 '-120', y의 좌표를 '50', 크기를 '50%'로 설정합니다. 이어서, 글상자 탭을 클릭하여 원하는 폰트를 선택하고 가운데 정렬을 클릭한 후 배경을 색상이 없는 투명한 상태로 설정합니다.

❷ `+ 오브젝트 추가하기` 단추를 누른 후 '현재공격력' 글상자를 추가합니다. 오브젝트 목록에 추가되었는지 확인한 후 x의 좌표를 '-120', y의 좌표를 '30', 크기를 '50%'로 설정합니다. 이어서, 글상자 탭을 클릭하여 원하는 폰트를 선택하고 가운데 정렬을 클릭한 후 배경을 색상이 없는 투명한 상태로 설정합니다.

❸ [속성] 탭을 눌러 서버에 저장되는 '로그인 사용자 공격' 공유 리스트를 새로 추가합니다. 이어서, 모든 오브젝트에서 사용 가능한 '사용자 : 공격력' 변수를 추가합니다.

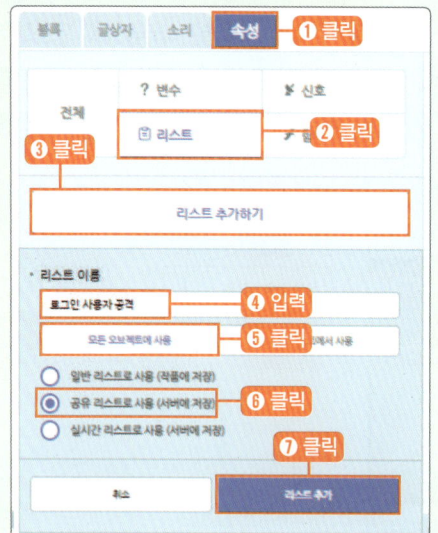 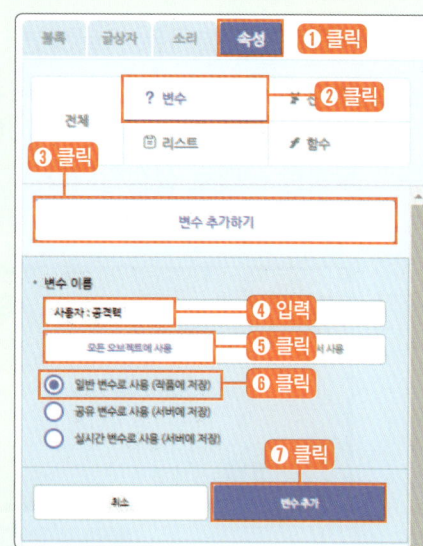

❹ [시작화면] 장면을 열고 '들판' 오브젝트를 선택합니다. 블록을 그림에 표시된 위치에 추가하고 변수값을 '사용자 : 공격력'으로 설정합니다.

❺ 방금 추가한 블록 조건값에 블록을 넣어줍니다. 그리고 앞쪽의 리스트값을 '로그인 사용자 공격'으로 설정합니다.

❻ 그림에 표시된 위치에 [값] 블록을 추가하고 변수값을 '커서 : 유저번호'로 설정합니다.

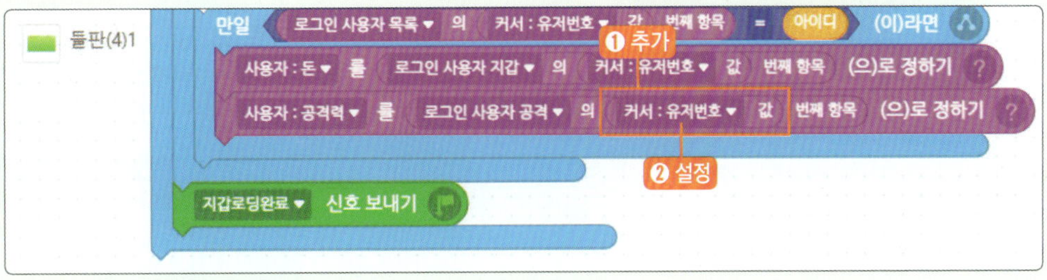

❼ [상점화면] 장면을 열고 '공격력증가 아이콘' 오브젝트를 선택합니다. 이어서, [에 10 만큼 더하기] 블록을 꺼내 그림의 위치에 추가하고 변수값을 '사용자:공격력'으로 조건값을 '1'로 설정합니다.

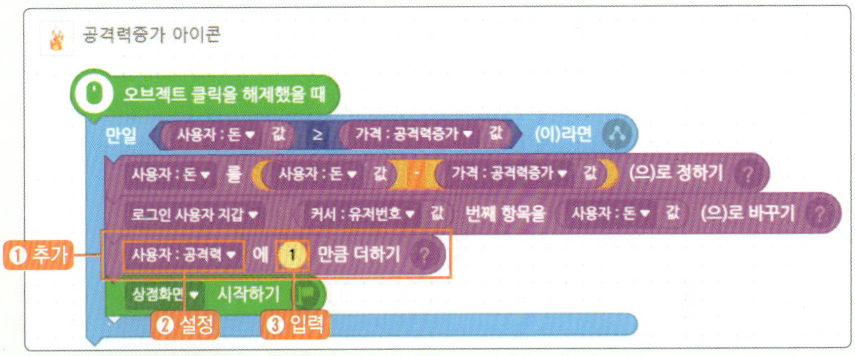

❽ [1 번째 항목을 10 (으)로 바꾸기] 블록과 [값] 2개의 블록을 꺼내 그림과 같이 합쳐 추가한 후 그림에 표시된 값으로 설정합니다.

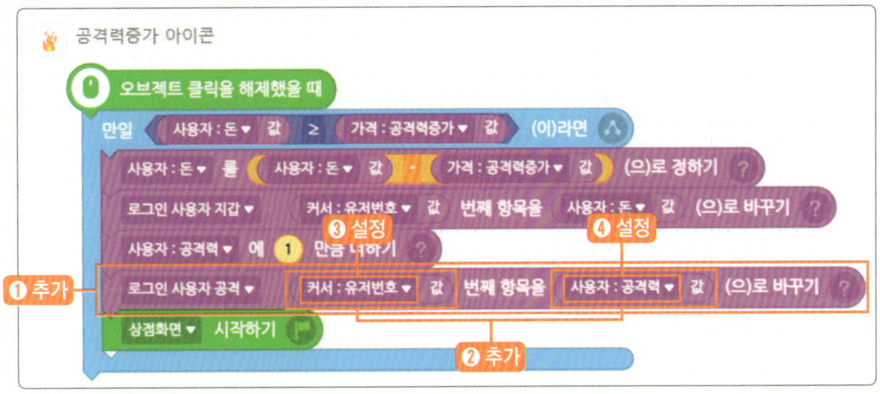

CHAPTER 22 아이템 구매하기

❾ [게임장면] 장면을 열고 '고양이' 오브젝트를 선택합니다. 코드 목록에서 블록을 찾습니다. 그리고 그림에 표시된 위치에 , 블록을 합쳐 넣고 그림과 같이 조건값과 변수값을 설정해 줍니다.

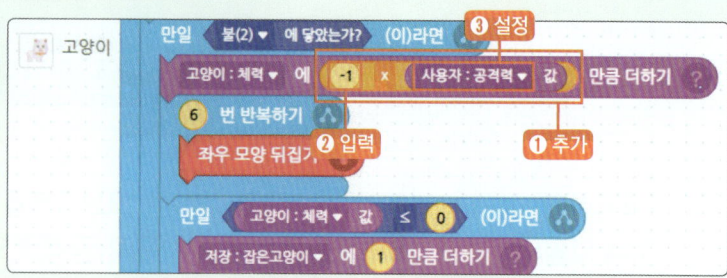

❿ [상점화면] 장면을 열고 '현재공격력' 글상자를 선택합니다. 블록을 추가하고 조건값을 '공:'으로 입력합니다. 이어서, , , 블록을 합쳐 넣어주고 그림과 같이 리스트 값과 변수값을 설정해 줍니다.

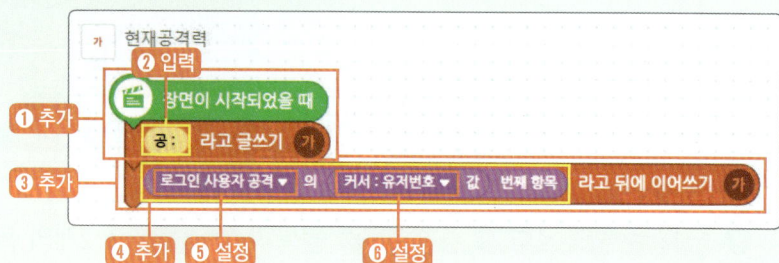

CHAPTER 22 문제해결능력 스스로 해결하기

■ 불러올 파일 : 아이템 구매하기.ent   ■ 완성된 파일 : 없음

01 내 맘대로 상상하고 해결하기

● 정상적으로 게임이 실행될 수 있도록 '로그인 사용자 공격' 리스트에 기본 공격력 값을 '10'으로 추가합니다.

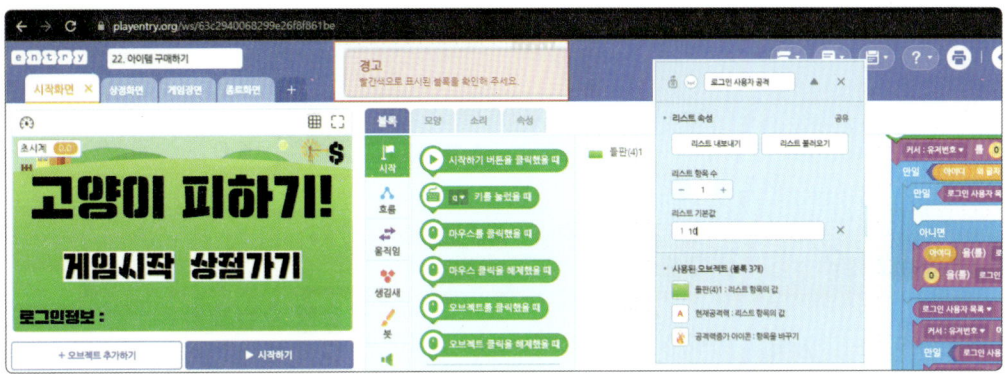

● [게임장면]의 고양이 오브젝트를 선택하고 복제본이 처음 생성되었을 때 고양이의 체력을 50으로 바꾼 후 게임을 실행하여 한 번의 공격에 고양이가 사라지지 않는 것을 확인합니다. 이어서, 게임을 종료하고 '로그인 사용자 지갑'의 리스트에 기본값을 바꿔 지갑의 잔액을 늘려줍니다.

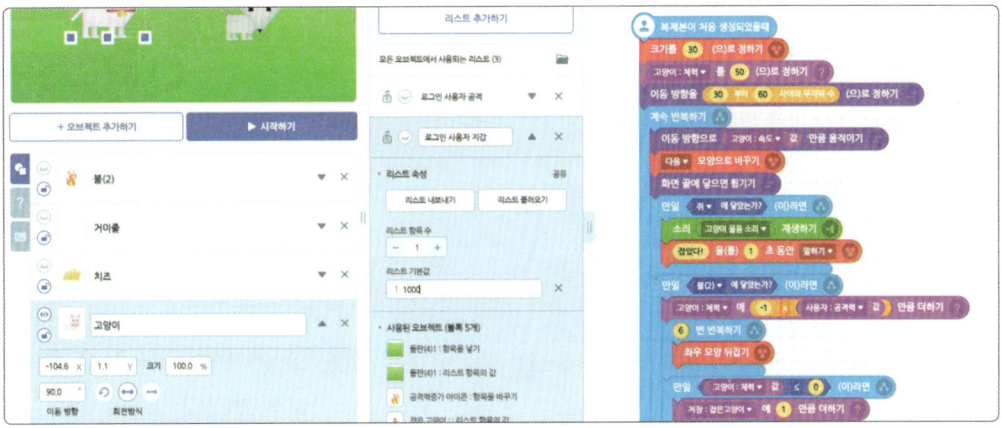

● 충전된 잔액으로 공격력증가 아이템을 구매하고 다시 게임을 실행시켜 고양이가 한번에 사라짐을 확인합니다.

CHAPTER 23 점점 튼튼해지는 고양이

■ 불러올 파일 : 상점화면 만들기.ent   ■ 완성된 파일 : 점점 튼튼해지는 고양이.ent

이런 것 배워요!

- 변수를 이용하여 복제되는 고양이의 체력을 점점 증가시킬 수 있습니다.
- 변수를 이용하여 빨라지는 고양이의 속도를 점점 더 빠르게 만들 수 있습니다.

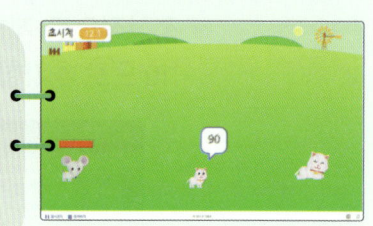

▲ 미리보기 : 점점 튼튼해지는 고양이.mp4

컴퓨터 사고력은 순서도로 부터!

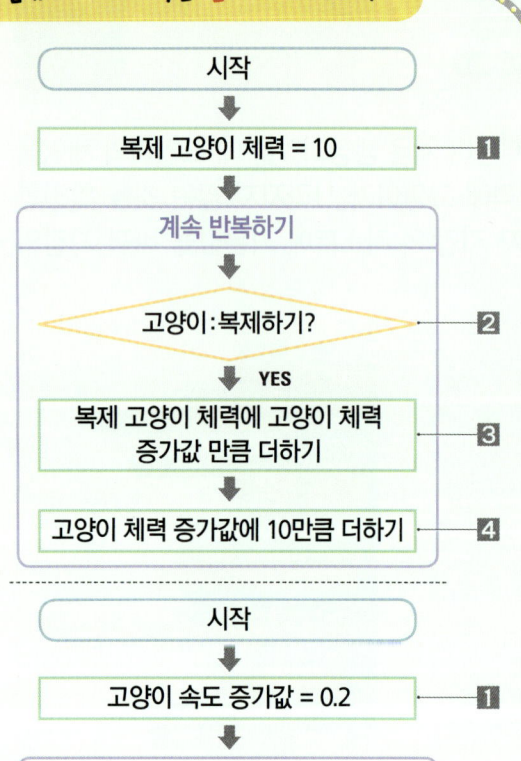

[들판 오브젝트]-1

1 '복제 고양이 체력' 변수의 값을 10으로 설정합니다.

― 계속 반복하기 ―

2 고양이 복제하기 코드가 작동하면 아래의 코드가 동작합니다.

3 '복제 고양이 체력' 변수에 '고양이 체력 증가값'을 더해줍니다.

4 '고양이 체력 증가값' 변수에 10만큼 값을 더해줍니다.

[들판 오브젝트]-2

1 '고양이 속도 증가값' 변수의 값을 0.2로 설정합니다.

― 계속 반복하기 ―

2 고양이 속도조절 코드가 작동하면 아래의 코드가 동작합니다.

3 '고양이:속도' 변수에 '고양이 속도 증가값'을 더해줍니다.

4 '고양이 속도 증가값' 변수에 0.2만큼 값을 더해줍니다.

01 신규 유저 기본 공격력 설정하기

❶ [시작화면]의 '들판' 오브젝트를 클릭합니다. 신규 유저의 기본 공격력을 추가하기 위해 블록 아래에 블록을 추가하고 그림과 같이 조건값과 리스트 값을 설정해 줍니다.

02 점점 늘어나는 복제 고양이의 체력

❶ [게임장면] 장면을 클릭하고 '들판(4)' 오브젝트를 클릭합니다. 이어서, [속성] 탭을 누르고 아래 그림의 설정과 같이 '복제 고양이 체력' 변수와 '고양이 체력 증가값' 변수를 추가합니다.

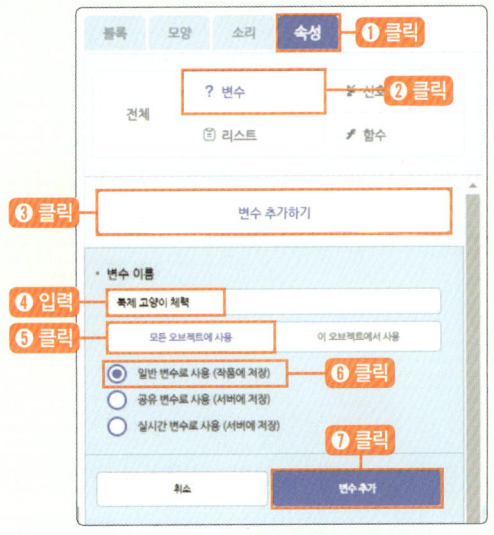
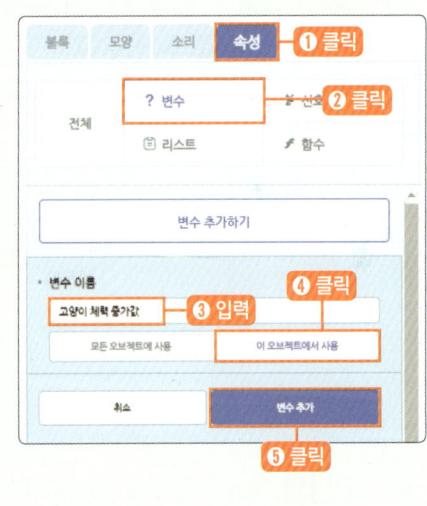

❷ '고양이 복제' 코드를 찾습니다. 이어서, 블록 아래에 블록을 추가하고 변수값을 '복제 고양이 체력'으로 조건값을 '10'으로 입력합니다.

CHAPTER 23 점점 튼튼해지는 고양이

❸ `예 10 만큼 더하기` 블록을 꺼내 `고양이 복제하기▼ 신호 보내기` 블록 아래에 추가하고 그림과 같이 변수값과 블록을 넣어줍니다.

❹ `예 10 만큼 더하기` 블록을 그림에 표시된 위치에 추가하고 변수값을 '고양이 체력 증가값'으로 조건값을 '10'으로 설정합니다.

> **TIP**
> 첫 번째 복제되는 고양이의 체력은 초기 고양이 체력으로, 두 번째 복제되는 고양이는 이전에 복제된 고양이의 체력보다 10 만큼 더, 세 번째 복제되는 고양이는 이전에 복제된 고양이의 체력보다 20 만큼 더 많은 체력을 갖게 됩니다.

❺ [속성] 탭을 선택하고 이 오브젝트에서만 사용 가능한 '고양이 속도 증가값' 변수를 추가합니다.

❻ '고양이 속도' 코드를 찾습니다. 그림에 표시된 위치에 `를 10 (으)로 정하기` 블록을 추가하고 변수값을 '고양이 속도 증가값'으로 조건값을 0.2로 설정합니다.

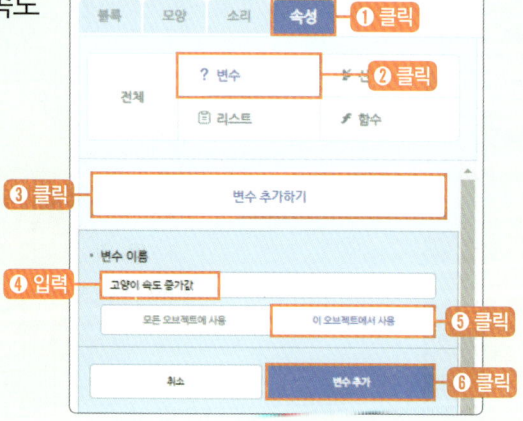

❼ [　　값] 블록을 꺼내 그림에 표시된 위치에 넣어주고 변수값을 '고양이 속도 증가값'으로 설정해 줍니다.

❽ [　에 10 만큼 더하기] 블록을 그림에 표시된 위치에 추가하고 변수값을 '고양이 속도 증가값'으로 조건값을 '0.2'로 입력합니다.

❾ 고양이 오브젝트를 선택하고 [복제본이 처음 생성되었을때] 코드를 찾습니다. 그림에 표시된 위치에 [안녕! 을(를) 말하기] 블록을 추가하고 조건값에 [　값] 블록을 넣어준 후 변수값을 '고양이 : 체력'으로 설정합니다.

> **TIP**
> 고양이에게는 별도의 체력바가 없으므로 공격에 맞은 고양이의 체력이 얼마나 남아있는지 확인할 수 있도록 말풍선을 추가합니다.

❿ 그림에 표시된 위치에 [말하기 지우기] 블록을 추가합니다.

CHAPTER 23 점점 튼튼해지는 고양이 **145**

CHAPTER 23 문제해결능력 스스로 해결하기

불러올 파일: 점점 튼튼해지는 고양이.ent **완성된 파일**: 속도 감소 아이템 추가.ent

01 내 맘대로 상상하고 해결하기

● 공격력 증가 아이템을 참고하여 고양이 속도 감소 아이템을 추가해 봅니다.

● 속도 감소율이 100이 되면 고양이가 움직이지 않습니다. 아래의 블록을 참고하여 고양이 속도 감소율이 80 이상이 되면 더이상 업그레이드할 수 없음을 안내하는 메시지를 띄울 수 있도록 코드를 작성합니다.

● 고양이의 속도를 줄이기 위해 아래의 블록을 참고하여 코드를 작성합니다.

MEMO

CHAPTER 24 랭킹 페이지 만들기

■ 불러올 파일 : 점점 튼튼해지는 고양이.ent   ■ 완성된 파일 : 랭킹 페이지 만들기.ent

이런걸 배워요!

- 서버에 저장된 변수를 이용해 순위를 저장할 수 있습니다.
- 게임의 종료시 기록에 따라 서버에 저장된 순위를 변경할 수 있습니다.

▲ 미리보기 : 랭킹 페이지 만들기.mp4

컴퓨터 사고력은 순서도로 부터!

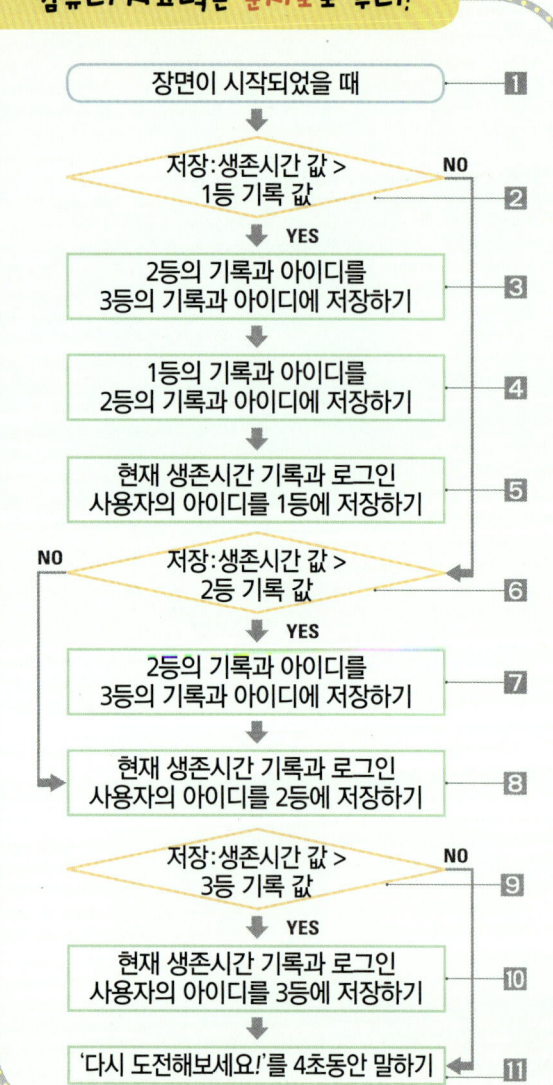

[생존시간 오브젝트]

1. 장면이 시작되면 아래의 코드가 동작합니다.
2. '저장:생존시간 값'을 1등 기록과 비교합니다.
3. '저장:생존시간 값'이 1등 기록보다 큰 경우, 2등 기록, 아이디를 3등 기록, 아이디에 덮어씁니다.
4. 기존 1등 기록, 아이디를 2등 기록, 아이디에 덮어씁니다.
5. 현재 생존시간 기록과 현재 로그인 사용자의 아이디를 기존 1등 기록, 아이디에 덮어씁니다.
6. '저장:생존시간 값'이 1등 기록보다 크지 않은 경우 '저장:생존시간 값'을 2등 기록과 비교합니다.
7. '저장:생존시간 값'이 2등 기록보다 큰 경우 기존 2등 기록, 아이디를 3등 기록, 아이디에 덮어씁니다.
8. 현재 생존시간 기록과 현재 로그인 사용자의 아이디를 기존 2등 기록, 아이디에 덮어씁니다.
9. '저장:생존시간 값'이 2등 기록보다 크지 않은 경우 '저장:생존시간 값'을 3등 기록과 비교합니다.
10. '저장:생존시간 값'이 3등 기록보다 큰 경우 현재 생존시간 기록, 현재 로그인 사용자의 아이디를 기존 3등 기록, 아이디에 덮어씁니다.
11. '저장:생존시간 값'이 3등 기록보다 크지 않은 경우 '다시 도전해보세요!'를 4초 동안 말합니다.

01 랭킹화면 장면 추가하기

❶ 종료화면 옆의 ➕ 단추를 눌러 '랭킹화면' 장면을 새로 추가합니다. 그리고 [+ 오브젝트 추가하기] 단추를 눌러 '책 배경' 배경을 추가합니다.

> **T I P**
> 검색을 하면 원하는 오브젝트를 빠르게 찾을 수 있습니다.

❷ [시작화면] 장면을 선택하고 [+ 오브젝트 추가하기] 단추를 누른 후 '랭킹보기' 글상자를 추가합니다. 오브젝트 목록에 추가되었는지 확인한 후 x의 좌표를 '-110', y의 좌표를 '110', 크기를 '80%'로 설정합니다. 이어서, 글상자 탭을 클릭하여 원하는 폰트를 선택하고 가운데 정렬을 클릭한 후 글자색을 원하는 색상으로 설정합니다.

CHAPTER 24 랭킹 페이지 만들기 · 149

❸ '랭킹보기' 글 상자 오브젝트를 클릭하고 그림처럼 블록을 추가합니다.

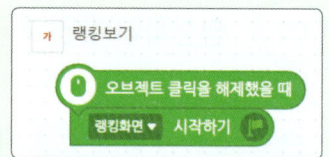

❹ [랭킹화면] 장면을 열고 ＋오브젝트 추가하기 단추를 눌러 배경을 제거한 '1등: ', '2등: ', '3등: ' 글상자를 추가합니다. 이어서, 왼쪽 정렬을 조건으로 설정하고 각각의 x, y좌표와 크기는 아래의 그림과 같이 설정합니다.

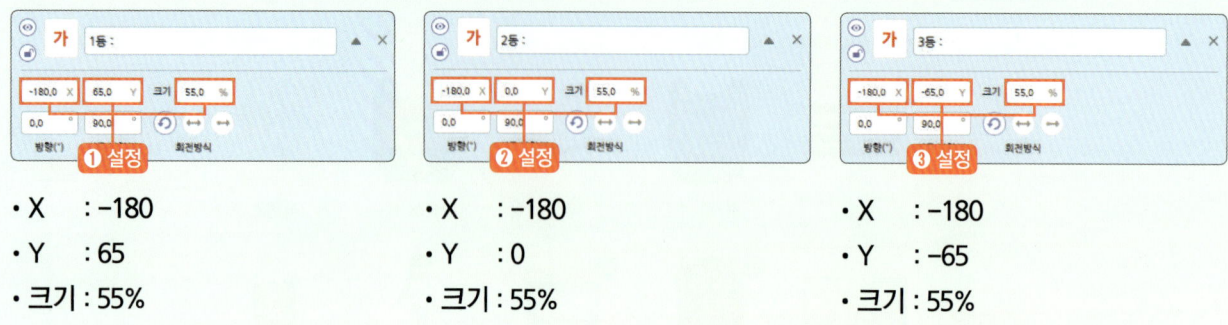

- X   : -180
- Y   : 65
- 크기 : 55%

- X   : -180
- Y   : 0
- 크기 : 55%

- X   : -180
- Y   : -65
- 크기 : 55%

❺ [속성] 탭을 눌러 모든 오브젝트에서 사용 가능한 '1등-기록', '1등-아이디', '2등-기록', '2등-아이디', '3등-기록', '3등-아이디' 6개의 변수를 추가합니다. 모든 변수는 서버에 저장되는 공유 변수로 생성합니다.

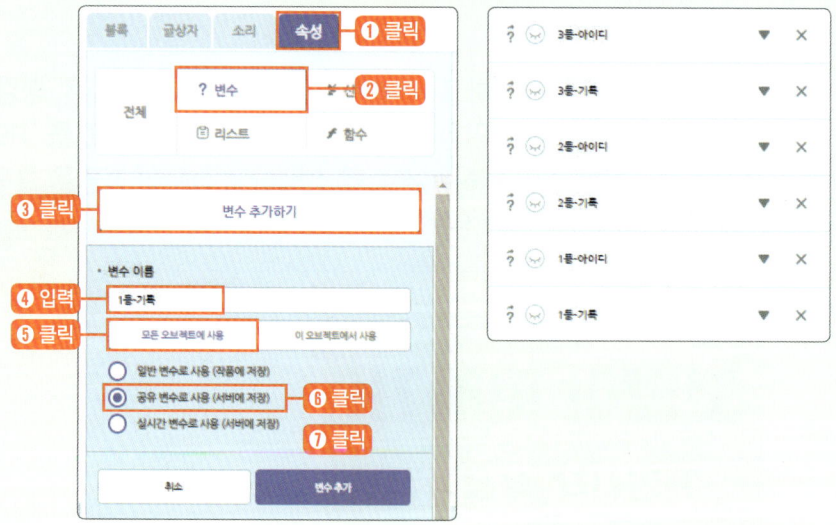

❻ '1등:' 글상자를 선택하고 장면이 시작되었을 때 블록과 엔트리 라고 뒤에 이어쓰기 블록 세 개를 추가하고 그림과 같이 조건값을 설정합니다. 동일한 작업을 '2등 : ' 글상자와 '3등 : ' 글상자에도 수행합니다.

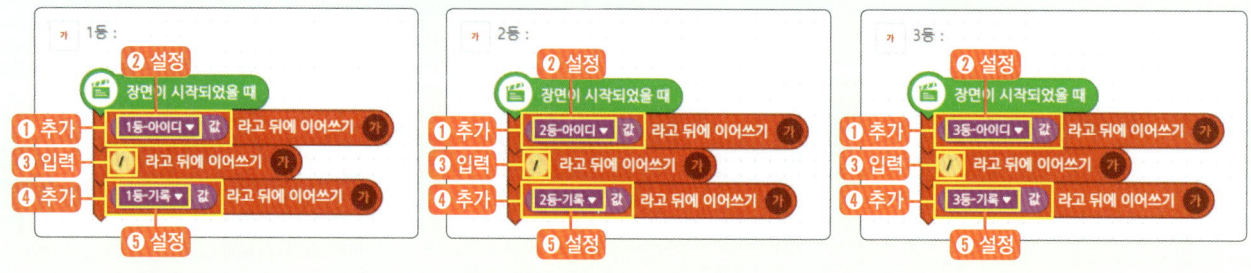

02 서버에 저장된 기록과 현재 사용자의 기록을 비교하기

❶ [종료화면] 장면을 열고 '생존시간 : ' 글상자를 선택합니다. 이어서, [10번 반복하기] 블록 아래에  블록을 넣어 변수값을 설정합니다.

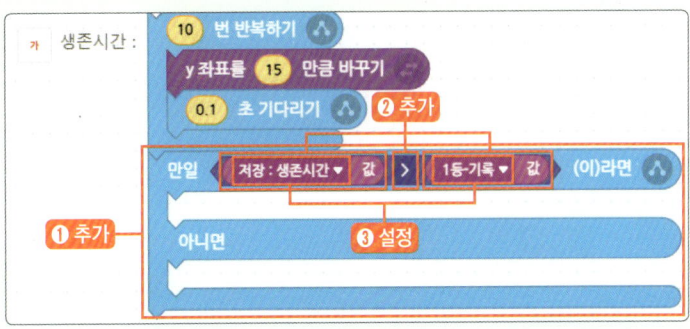

❷ 그림에 표시된 위치에 라면_아니면) 블록을 추가하고 조건값에 블록을 꺼내 넣어준 후 그림과 같이 블록을 넣어 변수값을 설정합니다.

> **TIP**
> 앞서 설치한 블록 전체를 복사한 후 붙여 넣으면 빠르게 설정할 수 있습니다.

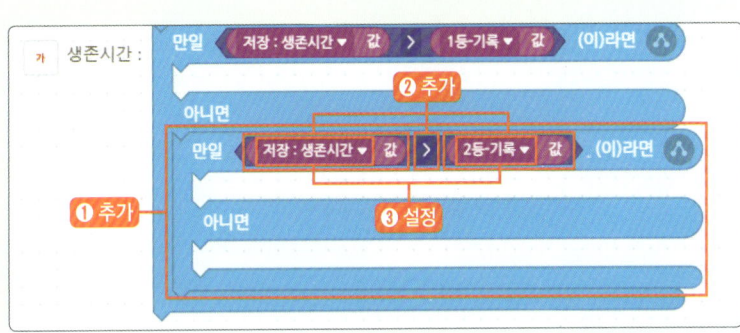

❸ 그림에 표시된 위치에 라면_아니면) 블록을 추가하고 조건값에 블록을 꺼내 넣어준 후 그림과 같이 블록을 넣어 변수값을 설정합니다.

❹ 그림에 표시된 위치에 [안녕! 을(를) 4 초 동안 말하기] 블록을 추가합니다. 조건값에 '다시 도전해보세요!' 문구를 넣고 시간을 '4'초로 입력해 줍니다.

> **TIP**
> 게임 종료시 저장된 생존 시간 값이 1등, 2등, 3등 기록을 모두 넘지 못한 경우에 '다시 도전해보세요!' 글자를 표출하는 코드입니다.

❺ 그림에 표시된 위치에 [를 10 (으)로 정하기] 블록을 2개 추가하고 그림에 설정된 값으로 변수값과 조건값을 입력합니다.

❻ 그림에 표시된 위치에 위 단계와 동일한 방식으로 2등의 기록과 아이디 값을 3등 기록과 아이디 변수에 덮어쓰고, 현재 사용자의 아이디와 생존 시간을 2등의 기록과 아이디 변수에 덮어쓰도록 코드를 작성합니다.

> **TIP**
> 2등의 기록과 아이디를 3등 변수에 먼저 덮어쓰고 현재 사용자의 기록과 아이디를 2등 변수에 덮어쓰는 이유는 무엇일까요? 만약 순서가 바뀐다면 어떻게 될까요?

❼ 그림에 표시된 위치에 위 단계와 동일한 방식으로 1등의 기록과 아이디 값을 2등 기록과 아이디 변수에, 2등의 기록과 아이디 값을 3등 기록과 아이디 변수에 덮어쓰고 현재 사용자의 아이디와 생존시간을 1등 기록과 아이디 변수에 덮어쓰도록 코드를 작성합니다.

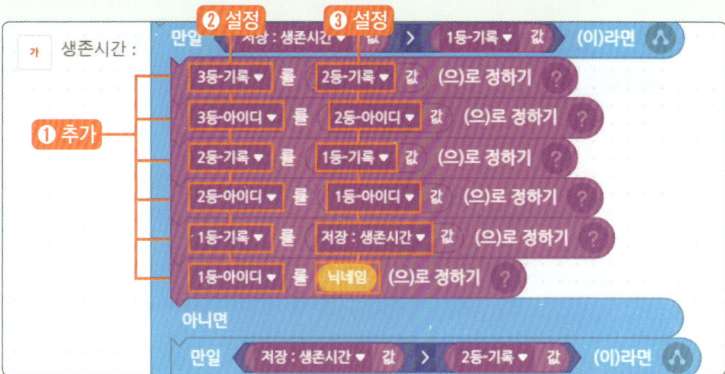

CHAPTER 24 문제해결능력 스스로 해결하기

■ 불러올 파일 : 없음   ■ 완성된 파일 : 없음

01 내 맘대로 상상하고 해결하기

● 온라인에 게임을 업로드하고 플레이를 통해 생존시간 기록이 정상적으로 저장되어 랭킹 화면에 표출되는 것을 확인해 봅니다.

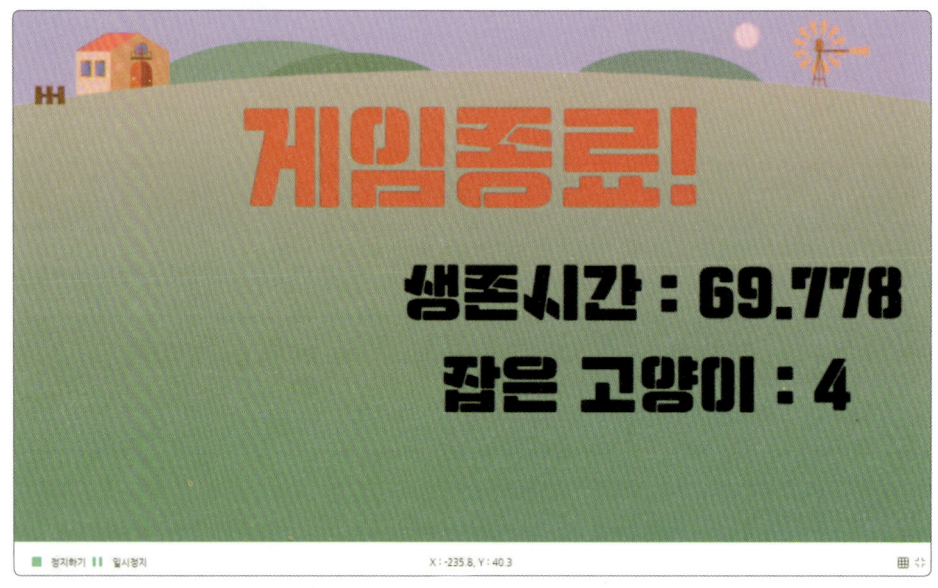

● 전체 챕터를 진행하며 설정해둔 다양한 변수들을 조절하여 게임의 난이도를 조절해 봅니다. 또, 새로운 공격과 다양한 아이템, 스킬들을 추가하고 고양이와 쥐의 모양을 바꿔 자신만의 새로운 게임을 만들어 봅니다.

MEMO

MEMO